若者のための〈死〉の倫理学

三谷尚澄 著

MITANI Naozumi

ナカニシヤ出版

若者のための〈死〉の倫理学

＊

目次

若者のための〈死〉の倫理学

プロローグ

† やっぱり「友達」っていいな！

深い孤独を抱えながら、十二歳の少女はみずから命を絶った。学校は彼女の痛みに気づき、両親はいじめについて本人から伝えられていたのに、彼女の死を防ぐことはできなかった。

いじめが始まったのは五年生のころ。フィリピン人の母親が授業参観にやってきたことがきっかけだった。はじめはなにげない気持ちだったのだろう、同級生のひとりが容姿のことなどをはやし立てた。「お前も母親もゴリラみたい」——。

その日を境にいじめは加速する。「くさい」、「風呂入ってるの？」、「あっちいけよ、うっとおしい！」　逃げ場のない教室の中で、情け容赦のない言葉が少女の胸を深々とえぐる。当時の担任の努力で一度は収まったが、六年生のクラス替えで教員が替わり再燃した。登校時間になると「頭が痛い」とぐずる。「転校したい。遠くても歩くから」と少女は両親に泣いて頼んだ。

給食の時間もひとりぼっち。級友たちはそれぞれにグループを作り、楽しげにお昼のひとときをすごす。「仲間に入れて！」、「わたしだけ無視するのはもうやめてよ！」心の中で響きわたる必死の思いを言葉にすることもできず、少女はひとり、追いつめられた気持ちで午後の授業を待った。

少女が最後に姿をみせたのは、前から楽しみにしていた校外学習の日。「いつもと違う一日だし、今日くらいは、ひょっとしたら誰か話しかけたりしてくれないかな。勇気をだして、「一緒にやろう」とか、頑張ってわたしのほうから声をかけてみたりできないかな――」。そんなふうに、否応なくのしかかる大きな不安のまん中に、ほんの少しの祈りにも似た願いを混じらせて、少女は学校の門をくぐり、教室に向かったのだろう。しかし、少女が振り絞った精一杯の勇気とほんのわずかな希望を待ち受けていたのは、想像を超えて残酷な級友の言葉だった――。

「なんでこんなときだけくるの」

出口のみえない絶望的な暗闇。逃げ出すことのできないいじめが続く地獄のような毎日の中、十二歳の少女はみずから命を絶つことを選んだ。母親にプレゼントするつもりで編んでいたマフラーをカーテンレールにかけて、首を吊っての自殺だった。両親が、いじめに悩むわが子のことを思い、大阪への引っ越しと転校を決断した翌日のことだった。

少女の死から一週間。葬儀が終わり、彼女が眠る自宅の祭壇には、お菓子やジュースと一緒に一冊のノートが供えられていた。死の数日前、両親にすら分かちあうことのできなかった絶望的な孤独の中で、みずから命を絶った少女が描き残し、両親の手元に残された一冊のノートである。中に描かれているのは、わずか二ページの、始まったところで永遠に描き継がれることのなくなった漫画。「やっぱり「友達」っていいな！」と題されたその物語は、転校してきた小学生の少女がはにかみながら自己紹介する場面で止まったまま、少女の命とともに永遠の沈黙の中で眠ることになった。現実で友達ができなくて、せめて漫画の中ではと描いたのだろうか――。後に残された父親は、やりきれない思いの中、言葉をつまらせながらそのように語った。

＊　＊　＊

以上は、わたしが暮らす地方のある新聞に掲載された記事(1)を、わたしなりにリライトしたもの。つまり、残念ながら、本当に起こった話だ。もちろん、いまさら時間を戻すことはできないし、いくら頑張っても失われた命が戻ってくるわけではないだろう。しかし、それでも、この悲しいニュースを目にしたときわたしはこう思わずにはいられなかった。この辛い出来事を正面から受け止め、自分だったら何ができただろうか、とあてどもなく思いをめぐらせてみるとき、自分はどのような答えを返すことができるだろうか、と。どうしようもない苦しみと絶望を抱えながら、大好きなお母さんに贈ろうと準備していた手編みのマフラーをカーテンレールにかけ、首に回し、いままさに椅子から足を離そうとしているその瞬間の少女に向かって、自分ならどのような言葉をかけることができるだろうか。この問いをごまかしなく問いぬき、偽善にまぎれることのない誠実な言葉で考え通し、その上で、自分なりの精一杯の答えを与えてみるならそれはどのようなものになるだろうか。

「死んでは駄目だ。命というのは一度失われたら二度と戻らない、とても大切なものなのだから」。たぶん、最初にわたしの口をついて出るのはそんな平凡で陳腐な言葉だろう。でも、どうして？ 辛くて苦しいことばかりの毎日なのに、生きなければいけない、死なないでいなければいけない。そう言われることの理由はいったいなんですか？ 少女にそう問い返されたら、わたしはどんな言葉を返すことができるだろうか。「生きていたってなんにもならない。毎日悲しい気持ちを抱えて泣いてばかりで、わたしなんて生まれてこなければよかったとしか思えない！」 だれよりも痛切に、どれほどの共感も届かない深い孤独の闇の中で、一切のごまかしなく体全体から発される十二歳の少女の悲鳴に向かって、わたしにいったいなにが言えるというのか。

「生きていればそのうちいいことあるから」。そんな薄っぺらな気休めがなんの足しにもならないことは、わたしにもよく分かっている。「いじめが終わっても、その先になにかいいことがあるとは思えないんです。一瞬だけよくなったって、また辛い毎日が戻ってくるだけでしょう？ 生きるって、そんな「期待しては裏切られて、またもとに戻って」の繰り返しなんじゃないですか？ そんな嫌なことが続くばかりだなんて、もううんざり！」 少女がそう切り返してきたら、彼女の言葉こそが真実を言い当てたものであることを、わたしは認めざるをえないのではないか。

† ごまかさず、本気で考えてみよう

「死のうと思うほど辛いこともないから、とりあえず生きておこう。死ぬのはなんとなく怖いし、自分は破滅しない程度にはいろんなことを器用にやっていけるほうだから、まあ生きておこう」。正直なところをぶちまけてみれば、みんな根っこのところでは、その程度のあいまいな気持ちで生き続けているだけなのではないだろうか。そして、「だれも彼も、たまたま死ぬ理由がみつからないから惰性で生き続けている」だけであるのなら、「とくに死ぬ理由もないからなんとなく生きている」だけの人間が、「心の底から死にたいと思う理由」を抱え、苦しみのただなかで「いっそ死んでしまいたい」と嘘いつわりのない叫び声をあげる人間に、「苦しくても生きなければいけない」などとしたり顔の無根拠な言葉を押しつける資格などないのではないか――。

本当のことを言うと、わたしが最初にたどりついた「少女に対するごまかしのない答え」は、そんな否定的なものだった。「死んではいけない」などという人たちだって、「なぜ生きなければいけないのか」、「生きることにどんな意味があるのか」なんて本当は分かっていないのだ。そして、みんなその背筋を凍らせるような不都合な真実から眼をそむけ、自分に嘘をついては「生きることには意味がある」かのように振る舞っているだけなのではないか。それならば、「死んだほうがまし」、そう心の底から考え、みずから最後の決断を下した少女に対して、それ以上の地獄を押しつけることなどわたしたちにはできないのではないか。「君はよく頑張った。もう、なにもかもぜんぶ終わらせて、楽になってしまえばよいのだ。だれも、君を責めることなどできはしない」。わたしが彼女に届けることのできる唯一本当の言葉は、そのようなものでしかありえないのではないか――。そして、正直なところ、わたしはその否定的な答えを覆《くつがえ》すだけの積極的な理由を、いまでも見出せないままでいる。

でも、「本当に出口なし」なのだろうか。本当に、そこで考えを止めてしまっていいのだろうか。そんな思いが、いまだにわたしのなかでくすぶり続けているということもまた事実である。「わたしたちが生きているのはたまたま死ぬ理由がないからにすぎない」。そんなあまりにも寂しい現実を突き破ることはできないのだろうか。「死んではいけない、とにかく生きるのだ」。確信をもって少女にそう伝え、「どうせ辛いことばかりの毎日なのに生き続けなければいけない理由」を手渡すことは本当にできないのだろうか。答えのみつからないこの問いを相手に、一歩ずつ、ごまかしのない言葉で、自分なりに手応えある言葉を探りあてようと試みてみること。それが、この本の課題である。

重く、暗い問題だ。予告しておかざるをえないのだが、最初のうちは、とくに気の滅入《めい》る陰鬱な話題が延々と続くことになる。なかなか展望が開けず、「もういやだ、もっと明るい、前向きな話が聞きたい」と投げ出したい気持ちになることがあるかもしれない。でも、できれば、我慢して最後までつきあってもらいたい。すくなくとも、わたしは、その苦しい道行きをたどり通すことこそが、欺瞞《ぎまん》的でも口先だけの奇麗事でもない、ほんものの答えに導いてくれる一番確実な——ひょっとすると、唯一可能な——道なのではないか、と考えている。

（1）『信濃毎日新聞』二〇一〇年十月三十一日付。

第I部　生の無意味

第一章　日常の過酷な生

――死を遠くはなれて――

1　ロスト・ジェネレーション

† はじめに

人間は、いろいろと「区分け」や「ラベル張り」をやりたがる。たとえば、「男」と「女」、「わが国」と「外国」、「わたしのもの」と「あなたのもの」、「金持ち」と「貧乏人」。もちろん、それなりに厳密な区分が可能な場合もあれば、「そんなに簡単に割り切っちゃっていいの?」と複雑な思いを引き起こす場合もあるだろう。「グループ分け」がなにかの役に立つこともあれば、「そんなのただの差別じゃないか!」という感じで、なんのためになるでもなし、ただ無意味で有害なだけのものとみなされることもあるだろう。ことによると、細々と小さな「違い」にこだわることが「あの人は料《りょう》簡《けん》が小さい」と露呈する結果に終わるときもあれば、「違いの分かる男」として周りから「あの人は大したもんだ」と評価されるきっかけになるときだってあるかもしれない。

この本のタイトルになっている「若者」や「死」といった言葉に関しても、事情は同じだろう。なんとなく、「高校生から大学生あたり、はつらつとして青春を謳歌している人びとを若者と呼ぶのではないか」という気もすれば、「じゃあ人は何歳になったら「若者」ではなくなって「中年」や「老人」になるのか」と聞かれても、明確な線引きは難しいように思う。「心臓が止まって、体が冷たくなって、話しかけても答えてくれなくなること。人が死ぬとはそういうことだ」と言われれば、「たしかにその通りかな」とも思うけれど、「あなたは変わってしまった。理想に燃え、困難のただなかにあっても弱者を思いやるあのころのあなたはもう死んでしまったのだ」などという台詞《せりふ》を聞かされれば、「なるほどなあ、あの人は生きてるけど死んでるよね」といった思いを格別の矛盾とも感じずに受け入れたりする。

たしかに、人間には、ものごとをいろいろに「分ける」ことができるとなんとなく「分かった」つもりになれて安心できる、というところがあるのかもしれない。とりわけ、自分が「有利」で「優れた」グループの側に数え入れられたときなど、わたしたちはその分類が絶対的に正しく、世界にどっかりと根を下ろし、これから先も決して揺らぐことのない確たる枠組みであるかのごとくに感じることが多いように思う。しかし、「自分が安心でよい気分になれる」からといって、そのことが「安心」の土台になっている分類そのものの正しさや堅固さを保証してくれるわけでないのはもちろんのことだ。「若者」はいつか「老人」になるし、「快適」で「充実」したあなたの生が、見方によっては「没落のどん底」で「死んだも同然」の状態にあると判明するかもしれない。その点だけはしっかりと肝に銘じた上で、あえてことがらを「分ける」ところから話を始めてみることにしよう。

† 時代の空気——一九七〇年代生まれの場合

個人的な話になるが、わたしの場合、自分がいわゆる「若者」として日々を過ごしていたと感じるのは一九九〇年代の中盤から二〇〇〇年代の前半にかけて。年齢で言うなら、自分が十代後半から二十代半ばだったころ、ということになるだろうか。高校在学中に海外に飛び出したり、ほどほどに勉強しては生活を破綻させない程度に羽目もはずしつつ大学生活を楽しんだり。卒業後も、職にはつかず大学院に進学し、それまでと大差ない気楽な暮らしを続けていた。いま思えば、このころの勝手気ままに過ごした十年ほどの期間が、自分にとっての「若者」時代だったということになるのだろう。二十代も後半に入ると、結婚したり長女が生まれたり、一応は一家の主として生計を支えながら暮らしを立てざるをえなくなったり。世の中のあれやこれやと格闘しながら生きてきたそれ以後の自分を「若者」と呼ぶことには、なんとなくためらいを感じてしまう。

社会的な出来事で言うと、バブル経済が文字通り「はじけた」ころから始まって、「九月十一日」に乗客を乗せた飛行機が天高くそびえたつ高層ビルに突っ込んだあたりでわたしの「若者」時代は終わりを告げた、いうことになるだろうか。不況になって、あおりで就職氷河期で。金融不安がふくらんで、大きな証券会社が破綻して。会社に入っても終身雇用はもうおしまい。リストラにデフレスパイラル。追い討ちをかけるかのように国内では少子高齢化。年金制度は崩壊の危機に瀕しております。頼みの政治家はスキャンダルだらけで誰一人として国を背負ってくれそうにありません……。

日本がダメになった時代。明るいニュースがとんと聞かれなくなった時代。恩師にあたる先生が、年度末の集まりで「空にはテロリスト、地上には狂牛病」などとあいさつされていたことを思い出す。

要するに、バブル崩壊以降の「失われた十年」と呼ばれる期間を、わたしは「若者」として過ごしたことになる。だれがつけたか、希望に満ちた将来や安定した生活といった夢が失われた時代を生きたわたしたちの世代には、「ロスト・ジェネレーション」というありがたくない名が与えられているのだそうである。

もちろん、「同年代だから」というだけの理由で、すべての人間を「世代」として輪切りにしてしまうことに意味があるとは思わない。例外的な生き方をしてきた人はたくさんいるだろうし、「自分は時代の空気を典型的に体現しちゃってるなあ」と感じるような人であっても、「ほかならぬこのわたし」が「ほかのだれでもない自分」として積み重ねてきた日々の生きざまを、「世代」という集団的性格の中に回収されてしまうことには抵抗を感じるだろう。わたし自身、「集団」への帰属を所与として自分を規定されてしまうことには本能的な違和感を覚えるし、「君の世代はこうなんだよな」などと周りから勝手に決めつけられることに対しては無条件に反発を感じる。

しかし、同時に、そういった個人的な思いは別にして、あらためて過去の日々を振り返り、当時の世の中に漂っていた「空気」のようなものを記述してみることで、「自分が生きてきた時代」をめぐる「共有された気分」といったものを取り出すことはできないのか。そう聞かれれば、その問いに対してはなんらかのまとまった中身のある答えを返すことができるのではないか、ともわたしは思う。「わたしたちが生きてきたのはこのような時代だったのではないか」、「自分たちが一人ひとり呼吸していた「時代の空気」はこのようなものだったのではないだろうか」、という仕方で。

「自分は例外だ、「時代の気分」などというあいまいなものにわたしを巻き込まないでもらいたい」。頑固にそう主張する人でさえ、「自分はなにに対して例外であるのか、自分をなにと同一視してもらいたくないと感じているのか」と問われれば、なんらかの仕方で答えを返すだろう。あいまいな記述にはならざるをえないかもしれないが、「わたしたちはどのような時代を生きてきたのか」という問いに答える仕方で過去の時代を回想し、そうすることで心の中に呼び出される気分のようなものに関しては、ある程度の共有された内容を取りだすことが可能であるように思われるのだ。

たとえば、「十代後半から二十代前半にかけての思い出深い出来事としてなにを挙げますか」という質問があるとしよう。あなたなら、その質問にどう答えるだろうか。

わたしより上の世代であれば、東京オリンピック、アポロの月面着陸や大阪万博、東西冷戦の終結やベルリンの壁の崩壊。「石油ショックとかいろいろあったけれど、基本的に「きっと明日は今日よりよくなる」、そんな気分がどこかで共有されていた時代だったね」。そんな答えが返ってくるところかもしれない。

　では、わたしの世代ならどうなるか。不況の時代であり就職難の時代であり、湾岸戦争に阪神・淡路大震災、地下鉄サリン事件、九・一一に始まる一連のテロと戦争の恐怖が世界を支配した時代……。さしあたり、「時代の記憶」として挙がってくるのは、そんな風に「景気の悪い」出来事ばかりではないかと思う。リストとしては偏りすぎかもしれないが、前の世代との対比を強調する限り、「「今日の苦労は明日の幸福のため」という切実でささやかな希望が崩れ去った時代」という形で、自分たちが呼吸してきた十何年かの日々を特徴づけることができるように思われるのだ。

　では、わたしより下の世代、いままさに十代後半から二十代前半を過ごしつつある人たちは、この問いに対してどのような答えを返すだろうか。個人的な推測を出るものではないが、どちらかと言えば、彼ら／彼女らはわたしたちの世代に近い答えを返すのではないかと思う。「ワーキングプア」、「派遣切り」、「非正規雇用」といった言葉が象徴する泥沼の不況、国民一人あたり七百万円を超えても増え続ける国の借金、秋葉原の無差別殺人に行きつくような日常のどうしようもなさ、耳をふさぎたくなるほど悲惨な児童虐待の報道……。どのような出来事に「時代を象徴するニュース」としての位置づけを与えるのであれ、「生きづらさ」、「閉塞感」、「息苦しさ」など、「頑張っても先がみえてこない」という「不安」が生活の基調低音を構成している点については、わたしの時代とあまり変わらない答えが返されるのではないだろうか。

　また、ここで、世代を超えて共有される「現在」の空気として、二〇一一年三月十一日に東日本を襲った大震災と、その後に続く「フクシマ」の悪夢に言及しておかないわけにはいかないだろう。大津波とそれに起因する福島第一発電所の原発事故は、被災地の人びとのみならず、同じ時代に暮らす人間すべてを否応なく巻き込み、だれひとりとして逃げ出すことの許されない茨《いばら》の道をわたしたちに残した。フクシマの事故が残した放射能という災厄は、自分たちの世代だけでなく、子や孫の世代までもが引き継ぎ、背負っていかなければならない負債をわたしたちに課した。そして、その限りにおいて、「明日は今日よりよくならないし、わたしたちは今日の困難を明日も背負って生きていかなければならない」という暗澹《あんたん》たる気分が、「現在」を生きるわたしたち全員の意識に否応なく刻み込まれつつあるように思われる。

2 生の困難
――変わるものと変わらないもの――

† 変わらない「現実」

のっけから、ずいぶんと暗い話になってしまった。しかし、「辛くて苦しいことだらけの毎日なのに、あえて死なないでいる理由なんてあるのか?」そんな重苦しい問題に立ち向かおうとしているのだから、これは仕方がないことかと思う。それに、すこし目線を広げればすぐ分かることだが、「何の報いもないと分かっているのになぜ苦しみだけを背負わなければならないのか」という出口のない問いは、わたしたちの時代に限らず、むしろ歴史を通じていつの時代にも問われ続けてきたテーマだった。

頑張ってもどうにもならないことが、世の中には昔からたくさんある。たとえば、見た目。あの子は美人。わたしは、正直、あまりきれいなほうではない。みんなあの子ばかりをひいきする。あの子が憎いわけじゃないけれど、同じ人間なのになんでこんなに差がついちゃうのか。朝起きて鏡の前に立つたびに、美人に生まれなかった自分がみじめでかわいそうになってくる。まともに、真面目に生きていくことがバカバカしくなってくる……。あるいは、生まれながらに背負ってしまった身体の障害。どうしてぼくの足は動いてくれないのか。みんなは楽しそうに校庭を走り回り、かるがると校舎の階段を駆け上がっていく。それなのに、なぜ自分だけが車いすに座ったまま、楽しげに笑い声を上げながらボールを追いかける同級生たちの姿を見守り、みんなが三十秒で駆け上がる二階の教室までの道を十五分もかけてたどりつかなければならないのか。

ほかには、どうだろう。家柄、性別、肌の色。ほんのすこし想像力を働かせてやるだけで、世の中に蔓延する理不尽のリストは限りなく増殖していくように思われる。自分はなんにも悪いことなんかやってない。むしろ、愚直なまでに誠実に、周りから馬鹿にされるくらい正直に、精一杯の努力をしながらやってきた。それなのに、自分の生まれた家が貧しかったから、女だったから、生まれた国が違っていたから。ただそれだけの理由で、金持ちがなんの苦労もなく進学する大学への門が自分には閉ざされ、「家庭の主婦」という名の牢獄へと生活がつなぎとめられ、自由と豊かな暮らしが待つ国境の向こう側へと脱出することがゆるされない。いったい、自分と連中のなにが違うというのか……。そう言えば、わたしが中学生のころはやった歌にこんなのがあった。

生まれたところや皮膚や目の色で
いったいこのぼくの何がわかるというのだろう
運転手さんそのバスにぼくも乗っけてくれないか
行き先ならどこでもいい
こんなはずじゃなかっただろう？　歴史がぼくを問いつめる
まぶしいほど青い空の真下で

（THE BLUE HEARTS「青空」）

たぶん、結局、世の中なんて昔からなにも変わってない、ということなのだろう。得する奴は最初から得するようにできているし、損する奴は最初から損するようにできている。ただ、それだけの話だ。選ばれた奴たちはうまくやっていく。選ばれなかった奴は？　どん底のところで打ちのめされてはいつくばって、みじめに暮らして死ぬだけだ。要するに、必死で頑張ったってなんにもならない。自分みたいな人間が生きてることに意味なんかなくて、自分なんて虫けらみたいなもので……。そんな悲しい事実を馬鹿みたいに確認していまさらなんになると言うのか。

† 歴史から

実際のところ、生きづらさとか生の閉塞感とか、「生きていたって無駄ではないのか」という悩みをめぐる問いは、人類がはるか昔から抱え続けてきた、古典中の古典と言ってよいほどの問題である。たとえば、現存する歌集としては最も古いものである『万葉集』の中ですでに、山上憶良《やまのうえのおくら》がこんな詩を詠んでいる。

世の中を憂しとやさしと思えども飛び立ちかねつ鳥にしあらねば

ここでいう「やさし」とは、「身もやせ細るほどにつらい」程度の意味。世の中は、身がやせ細るほどに辛いところだと思うけれど、この場所を捨てて飛び去ってしまうことはできない。私は鳥のような翼をもっているわけではないから。現実の社会が突きつける貧しさや苦しみ、そんなものに打ちのめされながら、さりとて逃げ出すこともできず、その場に踏みとどまって生き続けていかざるをえない。万葉集だから、いまから千三百年は前の話だ。人類は、そんな昔から今に至るまで、同じような経験を繰り返してきた。

あるいは、もっと時代を下がって現在に近いところをみておいてもよいだろう。いわゆる「文明開化」の嵐をくぐりぬけた明治の文豪、夏目漱石なども、底のところでは同じ問題に苦しんでいる。次の一節などは、よく知られたものだろう。

山路《やまみち》を登りながら、こう考えた。

智《ち》に働けば角《かど》が立つ。情《じょう》に棹《さお》させば流される。意地を通《とお》せば窮屈《きゅうくつ》だ。とかくに人の世は住みにくい。

住みにくさが高《こう》じると、安い所へ引き越したくなる。どこへ越しても住みにくいと悟《さと》った時、詩が生れて、画《え》が出来る。

人の世を作ったものは神でもなければ鬼でもない。やはり向う三軒両隣《りょうどな》りにちらちらするただの人である。ただの人が作った人の世が住みにくいからとて、越す国はあるまい。あれば人でなしの国へ行くばかりだ。人でなしの国は人の世よりもなお住みにくかろう。（『草枕』）

だれにでも、漱石が引っかかっているのと同じような問題を経験をしたことがあるのではないだろうか。明らかに相手が間違っているから、自分のほうが正しいはずだから、と理詰めで正論を吐くと相手の気分を害して反感を買う。ありがたく思われるどころか逆恨みされて軋轢《あつれき》が生じる。水底に棹をさして舟を突き進めるがごとく、怒り、悲しみ、なんであれ感情のおもむくままに事を進めよう、勢いに任せて突破しようと思っても思い通りには行かない。抵抗にあって激流のような相手に力づくでねじ伏せられるか、押し出しの力が強すぎたせいで引っ込みがつかなくなって取り返しがつかなくなるか。また、生きていれば、意地を張ってでも自分の思いを押し通したくなるときがやってくるものだろう。そんなとき、片意地を張らず、肩の力を抜いて、自然体で素直に生きられればどんなに楽だろうと思う。賢い人ならうまく我を引っ込めてことを丸くおさめるところなのだろう。「やめとけやめとけ」。心の底でそうつぶやく声が自分にも聞こえる。けれども、プライドが邪魔をする。「これだけは譲れない」というこだわりを自分はどうしても捨てきれない。こだわりを通そうとするから、必然、あちこちとぶつからざるをえない。そんな風に毎日を過ごしていればストレスだってたまるだろう。ああ、人の世に暮らすというのはなんと窮屈なことであるか――。

知・情・意、いわゆる「人間らしさ」を形成するはずのいずれに生活の方針を定めても、人の世の住み難さに変わりはない。しかし、だからといって人の世を逃げ出すわけにはいかないだろう。人でなしの国に引っ越しても、そこは人の世以上に暮らしにくいところだろうから。文字通り、出口なしだ。

† 時代とともにある苦しみ

もちろん、「生きることの苦しみ」や「生きづらさ」が語られているからといって、憶良と漱石が同じ問題を嘆いているのかといえばそうではない。憶良の悲しみは、いわゆる衣・食・住、あるいはその他、文字通り「それがなければ生きていけない」、「ただ暮らしていくことそのことだけのために必要とされるもの」に関わるレベルでの苦しさに向けられている。懸命に田を耕し、必死で作物を育てても、重税で手元に残る米はいくばくもなく、ひもじい暮らしを送らざるをえない。追い打ちをかけるかのように、唯一の働き手である夫が防人《さきもり》に取られ、連れて行かれる。どん底の暮らしの中にも病は訪れるし、老いは容赦なく襲いかかる。いったい、なんのためにわたしは生きているというのか。憶良のこの詩が「貧窮問答歌」の末尾に収録されているという事実を挙げておけば、そのような事情を確認するには十分だろう。

それに対し、漱石の文章がわたしたちに告げるのは、人の世に確たる「自己」をもって生きることに伴う苦しみ、他者と共にあることが引き起こすやり切れなさや砂をかむような思いだろう。飢えや病、老いといった身体的な苦しみを避けえたとしてもなお、その先に残る人間として生きることの苦しみに焦点をあわせたのが漱石の言葉だ、そう言って構わないように思う。

こんな風に、時代が変われば問題のあり方も変わる。だから、その限りにおいて、人類は歴史を通じて同一の問題に悩んできたのだ、と言い切ってしまうことは、いくぶんか乱暴なことであるかもしれない。しかし、同時に、わたしはこうも思う。それらの「違い」や「区分」をとっぱらった先に立ち上がる、ある醒めた感覚――人として生きるかぎり、どこまで行っても憂いや苦しさを逃れることはできないのだ、という感覚――には、それ自体どこか事の真相を突いた部分がある、ともわたしたちは認めざるをえないのではないか。個人の気質や性格の多様性を思えば、どれほど栄え、社会全体が躁状態で浮かれ狂っているような時代のただなかにも、生に対する不満を抱えながら苦しみ続けた人間が尽きることはなかったはずなのだから。

「生きづらさ」の問題を考えるには、時代を超えた普遍的な側面と、時代に特有の側面の両方を考慮する必要がある。そんな言い方ができるだろうか。だれもが憂えてきた「生に対する幻滅」についてなにごとかを語ろうとする限り、わたしたちは生に普遍的な仕方でつきまとう根本的な苦難を問題とせざるをえない。しかし、その反面、「生の困難」についてなにごとかを語ろうとする人間は、それらの困難たちが時代に応じて示す特有のバリエーションにも十分な注意を向けることが必要とされるのではないか。

では、「わたしたち自身の時代」に特有な、「この時代に生きるわたしたち自身の生」に個別的な生の苦しみの特徴とは、なにか。万葉の昔や漱石の時代に生きた人びとが直面してきた問題と、わたしたち自身が抱え込む問題とのあいだにみてとられる重なりと、ズレ。飢えでもなく、他者との摩擦でもなく、それら先人たちの苦しんできた問題の先に立ち現われる、この時代に特有の苦しみの姿とはどのようなものか。「生の困難」をめぐる問いを、他人事ではなく自分自身の問題として捉え、より地に足のついた仕方で考察を進めるためにも、ここで、「この時代に生きる人間が抱える特有の苦悩」のあり方について、じっくり時間をかけて考えておくことにしよう。

3　空虚に満たされたわたしの生の無意味

†　日常系の憂鬱

ライトノベルと呼ばれる、一般に「中高生向き」とされるジャンルの小説がある。手元にあるガイドブック、『ライトノベル完全読本』の定義によれば、「表紙や挿絵にアニメ調のイラストを多用している若年層向けの小説」、略して「ラノベ」。アニメ調というか、いわゆる萌え系の表紙が集まってある種特異な雰囲気をかもしだしているから、本屋に足を運ぶ習慣のある人には「ああ、あれのことね」とすぐ分かってもらえるのではないかと思う。

現代文学としてはかなりの発行部数を誇るジャンルだから、『キノの旅』とか『涼宮ハルヒの憂鬱』とか、有名な作品の名前についてはわたしもそれとなく耳にしていた。ただ、同年代の読者層を対象とした少女マンガなどとの類推で、「楽しげで、ちょっぴり山あり谷ありのドラマを乗り越えて、最後は甘ったるくハッピーエンドを迎える学園ドラマやファンタジー程度のものだろう。時間をかけてまで読む必要はないように思う」程度の印象しかもっていなかった。

それが、最近になって、「しょせんはラノベ」と無視を決め込んでばかりもいられない、すくなくとも一度は眼を通してみる必要があるのではないか、と教えられることがあった。きっかけになったのは、ライトノベルを題材に現代に生きる「若者の気分」のあり方に切り込んだ中西新太郎の労作を手にしたこと。(1) そして、中西の著作を通じて、ライトノベルの中でも最近はやりだといわれる「日常系」と呼ばれるジャンルの作品について知るようになったことだった。「日常系」とは、文字通り、冒険の旅や異常事態の頻発するファンタジー世界などではなく、ごく平凡な学園の毎日をごく日常的な登場人物の目線から描きつつ進行する物語。わたしの目を開いてくれた「日常系」の世界がどのようなものだったのか、大体のイメージだけでもつかんでもらうために、以下、いくつか印象的だった箇所を引用してみよう。

考えてはいけない。この先の事を、考えてはいけない。成功してどうなるって言うんだ。数十年努力を積み重ねて、どうなるって言うんだ。考えてはいけない。もう止めろ。もう何も考えるな。（中略）恋人を見つけて、結婚して、それでどうなるっていうんだ。止めろ。今すぐ止めろ。考えるのを止めろ。この先に進むのを止めろ。これ以上考えるのを止めろ。（中略）子供をつくって、そして育てて、辛い思いをして育てて、そしてそれが何になるっていうんだ。

（冬樹忍『たまなま　生物は、何故死なない？』）

繰り返しになるが、「なんのために生きなければならないのか」、「なんのためにわたしは死なないでいるのか」。この問いを真摯《しんし》に問いつめてみよう、というのがわたしの最初に立てた課題であった。そして、この一節になど、この問いに対する「答えの不在」の感覚が、なにか「生」をめぐる現代に特有の傾向をあらわにする仕方で浮き彫りにされているように思う。たとえば、先にみた「たんなる生存」レベルでの苦しさを端的に嘆く憶良の歌とこの一節との違いは明白だろう。ここでの独白の主体が、飢えや貧しさに打ちのめされ、明日の食事にも不安を感じている、というような様子はまったくみえない。むしろ、この登場人物は、物質的には恵まれ、豊かといってよいような暮らしをしているのではないかとすら予想される。しかし、それにもかかわらず、文面を支配しているのが生に対する絶望にも似た感覚であることは明らかだろう。「なんのために生きるのか」。真剣に問うたところで納得の行く答えなど返ってきやしないのだ、というあの感覚。こんなことをしてたってなんにもならない、意味なんてどこにもない。わたしたちの生というのは根源的なところで空しいものなのだ、というどうしようもなさの感覚。これと似た空気、同じような雰囲気は、次のものなどにもみてとることができるように思われる。

万歳。
誰一人、飢えて死ぬことのない理想の楽土、それがこの街だ。この国だ。
なのに、どうして、未来のことを考えると、こうも絶望的な気分になるのだろうか。
別にぼくはこれといって将来の希望もないというのに。
いつもと同じで、ワンパターンで、退屈な日々が、これからもずっと続く。
いつまで？　たぶん死ぬまでだ。なんのために？　たぶん、死ぬためだけに。

（大樹連司『勇者と探偵のゲーム』）

先の引用と同様、ここには、憶良が嘆いた生活の困窮も漱石が悩んだ人の世に暮らす「窮屈さ」も存在してはいない。むしろ、そういったストレートな仕方で立ち現われる生活の苦を突き抜けた先に開ける、ある種の虚無的な空気をまとった風景が、ここでも繰り返されていることを確認しておこう。

† それなりに満たされた平凡の不満

すくなくとも、「どん底」ではない毎日。あえぐような貧しさはないし、他者との極端なぶつかりもない。いわば、スムーズで障害なく生が進行している状態。しかし、それにもかかわらず、そこはかとなく感じられてしまう違和感。生きていることに対する手応えのなさ。ほどほどの人生が送れればそれでいい。でも、ほどほどの人生を過ごしたってなんにもならないことが分かっている。そこに、彼らを取り巻く時代の空気というか、どん詰まり感の特徴があるように思う。いまの時代の暗さに特有の、独特な感触を見出すことができるように思う。

枠が完成してしまっている感覚、とでも言うのだろうか。生きていることにとりたてて不満があるわけではない。無条件に生きててよかったと思えるほど現状が充実しているわけでもない。どこかがおかしいのではないか。「生きること」にはなにかもっと大切な、それこそ「命を賭しても成し遂げるに値するような」なにかがなきゃいけないんじゃないのか。自分をいまのような枠の中に閉じ込めて、時間が過ぎていくのをだまって眺めていればそれでよいのだろうか。疑問が心の中で渦を巻く。

でも、だからといって「現状をなんとか改革しなければ。それが駄目なら、いまの自分を閉じ込めている枠をぶち壊してでも〈ここではないどこか〉へ飛び出さなければ」とは思わない。だって、自分がいくら頑張っても世の中を変えることなんてできるはずがないだろうから。それに、枠の中にとどまっていても希望は実現されない、という予感はあるけれど、枠の外に出たって苦労するだけでろくなことはない、ともよく分かっているから。燃え立つような理想を実現しようとしてもたぶん無理だ。いや、そもそも苦労してまで実現すべき理想など自分は持ち合わせていないのではないか。

頑張ったってイチローにもユニクロの社長にもなれないことは承知してます。世界を相手に戦ってるサッカー選手とか、同世代かもしれないけど、レベルっていうか、格が最初から違いすぎますよ。ぼくらには夢なんかないです。現実を知ってますから。ごく普通に、平凡に生きられればそれでいいんです。高望みするつもりはありません。でも、それだからこそ、先を思うとため息しかでない。本当のことを言うと、でっかいこと吹いて周りからヒンシュク買ってるやつがうらやましくなることもあるんですけどね……。

なにかがおかしい。でも、立ち上がって戦おう、世の中を変えるべく努力しよう、とは思わない。だって、いまのままでそれなりに居心地がいいから。すくなくとも、いまがどん底じゃないことくらいは分かるから。生きていたいわけじゃない。でも、死にたいわけでもない。進むも引くもできない。文字通り進退窮まった状態。時代の気分を受け止めた若者たちのあまりにも正直な告白、という言い方ができるだろうか。「自分たちを取り巻く時代の空気はこんなものだ」という現場からのレポートには、先にもみた「生の無意味」をめぐる独特の空気感が漂っている。

4　学校の孤独

†「透明な存在」の苦しみ

もうすこし、ライトノベルを題材として話を続けてみることにしよう。次の舞台は、若い人びとが毎日の生活の非常に多くの時間を過ごす場所、学校。そして、描かれているのは、可愛らしげで無垢《むく》な絵柄やカラフルな制服を身にまとった少女たちの姿が連想させる夢とロマンに満ちたワンダーランドとはほど遠い、過酷な日常の世界。世の不幸などとは一番縁遠いところに暮らしていそうな笑顔の裏側に広がっている、孤独や疎外という名の闇である。

誰にでも得意なことがあるとするなら、自分にとってそれは『他人に忘れられること』だと由子は思う。

話す相手がいつも「えっと……」と名を呼んでくれるべきところで詰まる。問題を当てる教師も同じ。

それが一度や二度なら、ひとりや二人からなら、笑ってすませられるだろう。だけど、それがいつまでも、全員から続く恐怖を、いったいどれだけの人が共感してくれるだろう。

『あの子、名前なんだっけ？』

『あんな子いたっけ？』

……やがて、静寂。

自分がだんだん透明になってきているんじゃないかと、そんな空想を笑えないものとして感じることを。その怖さを。皮膚感覚を、どれだけの人が。

だから、由子にとって教室は地獄だった。

砂漠のように広くて、段ボールのように狭くて、宇宙のように寒い。

休憩のチャイムが聞こえて、由子は絶望的な気分になった。

授業中はまだいい。授業中は、みんなが等しく死んでいるようなものだから。

けれど、休憩時間になるとクラスメイトはみんな息を吹き返して、交わす声や視線で教室を埋めていく。そして由子の席の空白を冷たい輪郭で浮かび上がらせていく。

――もう、許してください……。

誰にともなく、由子は乞う。


（七月隆文『イリスの虹』）


そこにいるはずなのにいない、だれからも「存在する意味や価値のあるなにか」としてそこにいると認めてもらえないことの悲劇。自分がなにか置物にでもなったかのような、自分がその場に存在しようとするまいと、世界になにひとつ違いは生じず、なにもかもが当たり前のように続いていく。自分がいま、ここにこうして生きていることにはなんの意味もないのだ、自分など、存在していないも同然なのだ、という感覚。

「わたしはここにいます！」その叫び声を他者に聞き届けてもらうこと。「君がそこにいるだけで、世界はすこし違う場所になることができる」そう身近な人に確証してもらうこと。そんな、なにげない願いや要求が、ときに人間にとってどれだけ切実なものとなることがあるか。冒頭に引いた少女の自殺をめぐる経緯を持ち出すまでもなく、だれしもが肌身にしみて感じたことがあるのではないかと思う。すこし古い話になるが、一九九七年、神戸市須磨区で起こった連続児童殺傷事件の犯人が、自己を「透明な存在」として規定し、「自分が実在していることを世間に認めてもらいたい」という動機から新聞社あてに犯行声明文を送りつけたことなどが思い起こされる。あるいは、秋葉原の連続殺傷事件でも、「非モテのニート」としての自分に直面せざるをえない現実はおろか、自分を縛り付ける負の承認から解放し、他者の視線をめぐる憂いとは無縁でいられるはずだった空間――かれが唯一の救いを求めたネット上の掲示板――ですら自分の存在を認めてもらえなかった、という絶望感／疎外感が、犯行の引き金となる事情であったことは記憶に新しいところだろう。

† まるでエイリアンなわたし

反面、皮肉なことであるが、「他者と共にありたい」という願望自体の中に、「自己の消失」を導く危険性を不可避的にはらんだトラップが仕掛けられている、という事情も指摘しておくべきだろう。他者から排除されたくない、他者と歩調をあわせていかなければならない、という思いは、容易に、そして容赦なく自己を食いつくし、透明化する。

それは、あるなんでもない放課後のことだった。私の周りには、友達面した他人が集まっていて、私はいつも通りおもしろおかしいことを言いながら、笑顔を浮かべていた。突然だった。何のきっかけがあるわけでもなかった。

なのにそれは襲いかかってきた。その概念は突然形になって、確かな言葉を与えた。

『孤独』

ああ私、どうしようもなく――孤独だ。

一人が私の異変に気付いて、声をかける。

「そんな笑って、すごい楽しそうじゃん」

え？

私、笑って――？

意味が分からず、私は頬に触れた。

確かに頬はつり上がっていた。

「ホント、いつも楽しそうだよね。悩みなんてないでしょ？」

私は声を出して笑った。「うん、楽しい」と笑った。どうして自分が笑っているのかもわからず笑った。

その瞬間、周りの人間が徐々に透けていった。一人一人、透明になっていく。透けて消えて消えて、もう見えない。私に関係ないところで話しかける声。聞き取れない。

だけど私はなぜかうまく答えてる。意味が分からない。

（御影瑛路『空ろの箱と零のマリア』）

みんなと一緒にいなきゃいけない。もめごとを起こさずうまくやってかなきゃいけない。だから、言いたいことがあっても、言わない。やりたくないことであっても、相手の期待を汲みとってそうする。道化を演じる。なんのために？　自己を防衛するために。すくなくとも辛くはないいまを守り通すために。わたしはこういうのけっこう得意だし、まあいいか。不器用で、うまく輪の中に入っていけない人はかわいそうだよね。

でも、ときどき、自分がなにをやっているのか分からなくなる。みんなが楽しそうにやっている休み時間が辛くなることがある。私も楽しそうにしなきゃ、輪から外れないようにやらなきゃ。そう思って、必死で仲良くやっていくわけだけれど。でも、周りの友達の存在がまるでリアルに感じられない。顔は笑ってても、音の出ない白黒映画のフィルムがカラカラと回り続けているだけのようにしか感じられない。

こうして、世界がどんどん遠くなる。目の前にみえているのに、それが生身の現実だとはとても感じられなくなる。ただの映像？　手ごたえを求めて手を伸ばしても、ぜんぶすり抜けてしまう。つかめない。そのうち、世界のあらゆる存在から色が消えていく。自分までどんどん透明になっていく……。他者とともにあるからこそ、他者までの途方もない距離の遠さが実感される。その、寂しさの距離が、肌身にしみて感じ取られる。

「いたるところに仕掛けられた孤立のトラップをくぐり抜ける曲芸の物語」（中西新太郎）。外向きは周囲にぴたりとあわせ、快活に冗談を飛ばし、ときに羽目をはずしたふりをしてはおもしろ／おバカなキャラを演じる自分。心の底では「別に本気でよろこんでるわけじゃない、われながら道化だね」と苦笑いしつつ、やりすごす。それでいいのか、本当に満足か？　そう聞かれても、表向き順調に進行している物語を破綻させるのが怖いから、捨て鉢《すてばち》で「お友達ごっこはおしまい。わたしは道化なんてもうやめます」と宣言することはできそうにない。それに、そもそも、道化以外に自分の顔がなんだったのか、思い出すことなんてもうできないのではないだろうか。ここが自分のいるべき場所であるはずなのに、なんだか満たされない、本来の自分として生きることができない。なんだか自分は世界にフィットしていないな、と感じる。ここは自分のいるべき場所ではないのではないか、と思わざるをえなくなる。まるで、異世界からまぎれこんだエイリアンが、正体をばれさせないようにもがいて必死で地球人を演じているかのような光景。「疎外」、alienation――この世界のどこにいってもエイリアン alien としてしか存在しえないわたしたちの生――そんな言葉が当てはまりそうな「日常」の光景だ。

5　「青二才」を真剣に受け止める

さて、ここまでの議論に対して、次のような印象をもつ人があったかもしれない。「生の苦しみ」とか大げさなことを言っておきながら、すべて「満たされた世代」に特有の、どこかお気楽で薄っぺらな、はっきり言ってしまえば青臭い悩みばかりじゃないか。お前ら、寝言を言ってる暇があったら世間に出ろ、そして世界の現実をその目で見ろ。面倒臭いこと、つらいこと、腹の底から煮えくりかえるような出来事が世の中にはたくさんある。明日を生き延びることができるかどうか、いわば憶良的な状況で今この瞬間にも苦しんでいる人びとが大勢いるのだ。その現実を知りながら、なにもせず、安楽いすに腰掛けて生の空虚だなんだとごたくを並べて。恥を知れ。そんなお叱りの言葉がいまにも聞こえてきそうだ。

同様に、「時代の空気」とか言っておきながら、「ワーキングプア」とか「格差社会」とか、日々の暮らしの最低ラインに関わるところで現在進行中の残酷な現実を無視している。そんな批判がなされるかもしれない。これまたもっともな批判だ。両親が失業して給食費が払えない、働いてるのに家賃が払えなくてネットカフェ難民になる。あるいは、就職氷河期。「たまたまこの時代に生まれただけ」で、大学を出ても生涯の仕事がみつからない。仕事がないから恋愛したって結婚もできない、子どもを産むわけにもいかない、家も建てられない。社会に、時代に、人生設計が翻弄される。分相応、それなりに平凡な人生をつつましく送ることができればそれで十分だと思っている。安定が手に入ればそれ以上を望むつもりはないし、それを手に入れるためなら自分で努力するつもりだってある。それなのに、そんなささやかな願いさえも「シャカイ」が、「ゲンジツ」が無力化する。人生の断念を迫る社会という圧倒的な壁に直面せざるをえない瞬間。そんなときにふと訪れる、体中から力が抜け落ちるような経験。生きていることの意味に対する切実な疑問は、いまも変わらず残っているだろうと思う。

だから、「生の満たされなさとか空虚とか、恵まれたぼんぼんの甘ったれた愚痴に付き合ってられるか！」そんな異論が提出されるであろうことをわたしは全面的に承認する。「社会を変えようたって、自分たちの力じゃなにも変わりやしないですよ」だって？ だからってあきらめてどうする。世の中に背を向け、自分の殻の中に閉じこもり、それで話がすむと思っているのか？ 非モテだの孤立のワナだの、甘えてるだけじゃないか。戦う前から逃げ出してるだけじゃないか。そんな風に断罪の言葉を書き連ねれば、そこにきわめて説得的で、重みのある若者批評が完成することをわたしは全面的に承認する。

しかし、そういった批判があることは重々承知した上で、わたしは、あえて未成熟で青臭い若者たちの悩みを正面から取り上げてみようと思う。おそらく、自分自身が抱える問題とも——いまだに——重なり、響きあうところがあるからだろう。そこになにか、真剣に向き合うべき「切実なもの」を感じずにはいられないのだ。日常の中に潜む孤立の風景とか、ぜんぶ、現実世界の厳しさを知らない青二才の戯言だ、疑似問題にすぎない。人生の本当の問題ってのはそんなに生易しいものじゃない。いや、それはその通りだ。しかし、だからと言って、彼らの嘆きが無意味だということには決してならないだろう。そこには正面から取り上げ、掘り下げるに値するなにかがあるのだ、とわたしは思っている。いつ壊れるか、張り裂けそうな笑顔の下でいまにも崩れ落ちようとしている「若者たちの想い」には、自分がこれまで考え、捉えられ、もがき続けてきた問題と、明らかに通じる点があるのではないか。そして、彼ら／彼女らの苦痛ととことんまでつきあってみることで、冒頭に立てた問い――生きる理由、死なずにいる理由をめぐる問い――を、より手ごたえのある仕方で一歩ずつ進めていくことができるのではないか。それが、わたしの偽らざる意見だ、ということである。

（1） 中西新太郎『若者の気分　シャカイ系の想像力』（岩波書店、二〇一一年）。以下に引用されるラノベ作品については、基本的に中西のこの本に拠っていることをとくにお断りしておきたい。

第二章　生の解放と存在の感覚の喪失

1　うつろなる人間たち

†ノーベル賞作家が描くネコたちの世界

T・S・エリオットという詩人をご存じだろうか。手元の資料によれば、「一八八八年、アメリカ合衆国ミズーリ州セントルイス生まれ。一九一〇年、ハーバード大学で修士号を取得。一九一四年、イギリスに渡り、オックスフォード大学で哲学の研究を始める。一九二二年、『クライティーリオン』誌を創刊、『荒地』を発表し、詩人としての名声を確立した。一九二八年、イギリスに帰化。一九四八年、ノーベル文学賞受賞。一九六五年没。代表作に『聖灰水曜日』、『四つの四重奏』など」(1)。

ノーベル賞をとってるくらいだから有名な、偉い人なんだろうけれど、ぶっちゃけ詩とか読まないですし。名前も、どっかで聞いたような聞かないような。というか、カワバタヤスナリとかオオエケンザブロウとか、日本人でノーベル賞とってる作家の小説もあんまり読んだことないんですよね……。たぶん、返ってくる反応のほとんどはその類のものだろう。

だから、ノーベル賞がどうの、『荒地』がどうのというよりは、ミュージカル『キャッツ』の原作（『ポッサムおじさんの猫とつきあう法』（*Old Possum's Book of Practical Cats*））を書いた人、と言った方が分かってもらえるかもしれない。これなら、劇場なりＤＶＤなりで観たことのある人も多いだろう。

さて、よく知られている通り、『キャッツ』の世界では、泥棒から往年の名舞台俳優から魔術師から、さまざまな個性をもった猫たちがアンドリュー・ロイド＝ウェーバー作曲のメロディをバックに数々のエピソードとドラマを繰り広げる。見事な手品でシルクハットから七匹の子猫を取り出してみせる魔術師猫がいれば、パグ犬／ポメラニアン／ポリクル犬（エリオットの創作した犬の種類）のワンちゃん連合軍とペキニーズ一家の抗争をみごとに仲裁する大親分猫もいる。みんな、個性的。猫のほうがよっぽど生き生きと人間らしい。人間もいい加減「自分たちの中の猫」に目覚めた方がよいのではないか。人間であることをやめて、いい加減猫として生きる道を選んだほうがよいのではないか。そんな気にさせられる作品だ。

また、猫たちはみんな、その個性的な名前——キャッツに登場する猫たちは、スキンブルシャンクスとかミストフェリーズとかマキャビティとか、他の猫たちには決して真似されることのない自分だけの特別な名前をもっている——に恥じず、透明な空虚どころか、決して消えることのない確たる存在感を示している。「猫の姿を借りて、人間のだれもが輝いている瞬間を切り取ること」がキャッツの狙いであった、とは、劇団「四季」を主宰し、ミュージカル「キャッツ」の世界をみごとな手腕で日本に紹介してくれた浅利慶太の言葉だ。

† エリオットのみる「人間」たちの姿

しかし、猫たちの躍動する生き様を描くエリオットの世界から一歩下がって距離をとり、「じゃ猫じゃなくて人間はどうなんだ」と問いを立ててみたとすれば、どうか。先述のエリオットの言葉は、その裏側に、「人間なんてろくでもない、猫のほうがましなんじゃないか」。そんな思いをひそませているということになりはしないだろうか。そして、この推測は、エリオットが猫ではなく人間を取り上げ、そのありのままの姿を描き出した一編の詩——その詩には「うつろなる人間たち」という不吉な題名が与えられている——をみることで十分に裏付けられるかもしれない。引用しよう。

われらはうつろなる人間
われらは剥製の人間
藁つめた木偶頭を
すりよせる　ああ！

われらのひからびた声は
囁きあうも
声ひくくして意味なく
枯草のなかの風
またひからびた穴蔵にくだけたガラスをわたる鼠の跫音《あし》

相貌なき形　色なき陰
麻痺せる力　動きなき身振り
ひたむきに眼《まなこ》張り
かなたなる死の王国にわたりし人よ
心あらばわれらを記憶したまえ――
激しき堕落の魂としてならず
ただうつろなる人間
剥製の人間とのみ

（「うつろなる人々」深瀬基寛訳）

実を言うと、時代の空気だとかライトノベルだとか、ここまでの話を書き継ぎながら、わたしはつねにエリオットのこの詩を念頭に思い浮かべていた。エリオットの描き出す「うつろなる人間たち」

の姿が、先にみた時代の空気と、そしてラノベに登場するキャラたちの告白と、底のところで通じあい、不気味なまでの重なりあいを示しているとしかわたしには思えなかった、ということである。たしかに、便利になった。いつ飢え死にするか、サバイバルのレベルで毎日の不安を感じるわけではない。それでも、なにかが違ってないだろうか。生きるってこういうことなのだろうか。なんでもあるけどなんにもない。「なにか」があるはずなのにその「なにか」がみつからない。そんな「ものたりなさ」、「空虚さ」の観点からわたしたちの「現在の生」を見定めたエリオットの告発を、もう一つ引用しておこう。

生れて、性交して、やがて死ぬ、
おれはうんざりした、
きみもうんざりしていることだろう、
生れて、性交して、やがて死ぬ。

(「闘士スウィニー」野島秀勝訳)

† ほんものの生とその崩壊

アメリカの文芸批評家ライオネル・トリリングは、「近代／現代」をめぐる以上のようなエリオット的モチーフを、ニーチェに由来する「存在の重さの喪失」やルソーに由来する「存在の感覚の希薄化」という言葉を用いて説明している。「最も堅固な基本的事実であり、これのみがすべての事実への門口となるもの」とホイットマンが呼んだ「存在の感覚」を失い、「明確な存在のエッジ」（野島秀勝）を感じることなく「剥製《はくせい》」と化した、あいまいで実体のないうつろなる人間の姿。トリリングの言及するゲーテの言葉に従うなら、「ぼくはどうしても自分になりきれない！」というウェルテルの悲鳴にも似た叫び声は、先にみた「透明な自己」の到来を言いあてるあまりにもみごとな予言であった、ということになるだろうか。

自分が透明になり、生きている実感が、手ごたえが、つかもうとしても指のあいだから流れ落ちる砂のようにすり抜けていく。「生きること、ひとめいめいの人生は本当に信じるに足るものであるかどうか？」。この問いに対し、無条件に肯定的な答えを返すことのできない「わたしたちの生の失墜した条件」をめぐる特殊な不安。そんな失墜した生の条件のもとに生きざるをえない現代人の姿を、トリリングは「〈ほんものの生〉の喪失」という表現のもとに掬《すく》いとろうとしている（『〈誠実〉と〈ほんもの〉』）。

ここで、トリリングのいう「ほんもの」とは、典型的には芸術作品の真贋が問題にされる際のそれ。自分自身が人生の作者であり、みずからの人生がほかでもないこの「わたし」が生み出した「ほんもの」として、真作の芸術作品のごとき重みをもつという事態を言い表わす言葉だ。あなたの生が真作であれば、それはほかのなにものにも、とりわけ、うわべを真似ただけのコピーには写し取ることのできない唯一無二のかけがえのなさを、重さをもつ。あなたの人生が贋作であるならば、表向きのみかけがどれほど華麗に、豪華に、ありったけの技巧をこらして制作されていようとも、それがしょせんは贋作であると知られたその刹那、あなたの人生はそれ相応のものとして――ほかのなんとでも簡単に取り替えの効くパーツとして、失われたところで痛くもかゆくもない交換可能な量産品として――扱われることになるであろう。では、あなたは、自分の生がまぎれもない真作である、芸術作品であると確言することができるだろうか。自分の人生がなにか贋作のような、どこにでもあり、だれにでもとって代わることの可能な、それゆえに他者から一顧だにされない重みのないものになりはてているのではないのか、そう不安を感じることはないだろうか。

「わたしたちの生の失墜した条件」をめぐる特殊な不安――。トリリングが引用するエドワード・ヤングのこの言葉は、当然、この問いに対するエリオットの回答が否定的なものであることを予想させる。あなたひとりがいなくなったところで、世界は昨日までとなにひとつ変わることなく続いて行くのだ、という醒めた感覚。実際のところ、「生きること、ひとめいめいの人生は信じるに値しないのである」という諦念。だから、エリオットは作品「うつろなる人間」の末尾をこう締めくくった。

こうして世界は終る
こうして世界は終る
こうして世界は終る
バーンとではなく　めそめそと。

(「うつろなる人間」野島秀勝訳)

存在の重さ、ほんものであることを喪失したコピー人間たちの人生は、そのフィナーレを飾る「死」という重大事に際してすら、量産可能で薄っぺらな光景をしか現出させない。

こんな風に考えを進めてくるとき、わたしは、十九世紀デンマークの思想家、ゼーレン・キルケゴールが残した次の文章を思い起こさずにはいられない。キルケゴールは、現代日本に生きるわたしたちの姿を不気味なほどみごとに予言するかのごとく、こう述べている。

世間の人は、自己というようなもので、大騒ぎなどしない。……自己自身を失うという最大の危険が、世間では、まるでなんでもないことのように、いとも平静におこなわれているのである。これほど平静におこなわれる喪失はない。ほかのものなら、一本の腕であれ、一本の足であれ、五リグスターラーであれ、妻であれ、そのほかなにを失っても、すぐ気づくくせに。……

(『死にいたる病』)

キルケゴールの警告を、うつろなる人間たちの発する嘆きの声と重ね合わせて理解するならこういうことになるだろうか。わたしたちは、「ほんものの自己」というあまりにも大きなものを失っておきながら、その喪失に気づかないまま毎日を平穏これ無事に過ごしているだけなのではないか。あるいは、そのかけがえのないものの喪失に気づきつつも、日々はこれ太平に流れている、という錯覚にしがみつき、幸福な幻想を失うことを恐れて、その喪失を自分自身に対してすら隠そうとしているだけなのではないか。

2　世界から魔法が消えるとき

†存在の鎖と人間の解放

しかし、なぜこんなことになってしまったのだろうか。カナダの哲学者、チャールズ・テイラーは、トリリングの示した「ほんものの生」という言葉を引き継ぎつつ、その間の事情をこんな風に説明している。

十九世紀以来、「近代は没落の歴史である」という見方が世に通用するようになった。いまではある種おなじみとなった考え方かもしれないが、文明が進展し、便利に、快適になるとともに、人間は大切ななにかを失った。そんな懸念のことだ。そして、テイラーによれば、ことはわたしたちの生活を清潔に、上品に、無駄なく効率的にしてくれた当の歴史的・文化的変化の根幹に関わる、必然的な問題である。わたしたちがその恩恵を享受し、おそらくは自分たちの生存に価値やプライドを見出す際の根拠としている「近代的（モダン）」な生き方、その「技術」や「合理性」に支えられた「新しい」ライフスタイルを可能にしている、ある根本的な構造に関わるものである。

テイラーは、その近代という時代に特有の構造に、人間を縛っていたさまざまなくびきからの解放、ないしは、「世界の脱魔術化」（マックス・ウェーバー）という観点からの説明を与えている。テイラーによれば、近代を特徴づける「合理的精神」による解放の以前、人びとの暮らしは「宇宙の秩序」や「存在の偉大なる連鎖」といったものに縛りつけられていた。身分なり人種なり性別なり、現在であれば「迷信」と呼ばれるであろうさまざまな非合理的事情ないし「鎖」が人びとの暮らしを縛りつけ、その生存を不自由な形態へと切り詰めていたのである。当時、王は生まれながらの王として臣民たちに君臨し、それ以外のなにものでもなかった。農夫は生まれながらにして農夫であり、農夫としての人生を生き、農夫としての人生を終える以外に選択の余地はなかった。

しかし、近代を特徴づける「合理主義」の精神は、「不合理な」、「理屈にあわない出来事」の存在を認めない。なにごとも、「十分な理由」なしに生じることはありえないのであり、魔術や迷信をもちだすことで世のさまざまな事象を説明してはよしとする前近代の不透明な思考様式は許容されない。漁に出ていた船が突風にあおられて転覆した。なぜ？　急激な気圧の変化が生じたからだ。神の怒りだとかきまぐれのいたずらだとかいうことではない。すべては合理的に説明され、秩序づけられうるのであり、科学的知見を通じて予測可能な「たんなる自然現象」として世界の中にその座を得る。「近代」という世界にどっぷりと浸かったわたしたちの目にはあまりにも当然の図式だ。

こうして、世界から魔法が消える。「存在の偉大なる連鎖」は解体される。神様がいなくなった代わりに、神様が定めたという「階層」からわたしたちは自由になった。なにごとにも「十分な理由」が存在することを確信し、合理的な説明のつかない制度や出来事が世に存続することを認めない「近代合理主義」の精神は、いわれのない差別やさまざまな迷信のくびきから人びとを解放する力として機能した。生得的身分という非合理的縛りから解き放たれた「近代的個人」たちは、大地を耕し、大地と共に朽ち果てることを宿命づけられた農夫としてではなく、「自由」で「平等」なひとりの「人間」として、みずからの生き方を主体的に決定し、選択することを当然の権利として認められるようになったのである。

† 近代のダークサイド

こうした鎖からの解放は、たしかに朗報ではあった。人種とか家柄とか身分とか、不条理な鎖でがんじがらめにされた息苦しい時代や世界に戻りたい、と願う人はいないだろう。しかし、とテイラーはここで問いなおす。「鎖からの解放」は、「はたしてまぎれもなくよいことでありえたのかどうか」。テイラーの言葉をみよう。

〔鎖からの解放と共に〕個人は自分より大きな社会、大きな宇宙という行為の地平を失った。そしてそれとともに、何か大事なものを失った――こうした懸念が繰り返し表明されてきた。生の英雄的な次元が失われたのだ、そう記した者もいる。ひとびとはもはや、より高い目的の意識も、死を賭すに値する何ものかの意識ももたない。十九世紀にはアレクシス・ド・トクヴィルが、折にふれて同じようなことを語っている。トクヴィルはそういう時、デモクラシーの時代にあって人々は「倭小・卑俗な快楽」を追い求めがちになると指摘したのである。わたしたちは情念の欠如に苦しんでいるのだ、そう表現されることもあった。キルケゴールが「現代」を見つめたときの言い回しである。そしてニーチェにおける「おしまいの人間たち」は、こうした没落のどん底に、それも究極のどん底にいる。かれらは生のうちに、ただ「みじめな安逸」への熱望だけを残しているというわけである。

（『ほんものという倫理』）

テイラーの指摘する懸念は、世界の「脱魔術化 Disenchantment」が進行するとともに、わたしたちは世界を生きる上での「方向感覚の喪失 Disorientation」をも同時に経験するに至った、という仕方で整理することができるだろう。「鎖」の解体以前、「魔法」としての「くびき」は、われわれの生が進むべき方向を示す確たる羅針盤としての機能をもあわせもっていた。鎖につながれてあることは、たしかに不自由ではあるが、その見返りとして、わたしたちは自分の生が進むべき方角を見失わないこと、すなわち、行き先や目的を見失うことなく日々の暮らしを営むことを保証される、という恩恵を享受してもいたのである。「農夫でしかありえない生のあり方」は、同時に「自分は農夫として生きればよいのだ」という深い確信と安心を、「農夫としての生の意義深さ」を保証する防波堤としても機能していた。

しかし、このことは、その裏面で、魔法が解け、醒めた目で世界を眺めるようになった近代的個人たちが、進むべき方角、目的、つまり、今現在の生の有意味さを支える根拠を失うことを意味せざるをえない。「わたしはなんのために生きるのですか？　なにをすれば有意味な人生だと言えるのでしょうか？」——答えはとくにありません。強いて言うなら、「なんでもあり」としか。世のためとか人のためとか、「人生の意味」を支えてくれる「底」なり「大義」というものはなくなってしまっていますから。でも、「人生を有意味にするなにか」をお探しなんですよね。楽しければいいんじゃないでしょうか。まあ、自分で探して、頑張ってみつけてやってください……。こうして、人間は進むべき方向を見失う。無意味の苦しみが始まる。

束縛から解放され、「なにもかも自分の自由にやってよい」と宣告されると、人間は逆に途方に暮れるものだ、ということかもしれない。大学に入学し、「もう受験勉強なんかしなくてよい、あこがれていた薔薇《ばら》色のキャンパスライフが始まったのだ」と気づいたその日から、「自由の大海」に投げ出された自分の存在をもてあまし、途方にくれ始める若者たち。あるいは、子育てを終え、待望の自分ひとりの時間が手に入ったというのに、有意義な一日の過ごし方を見出せずに苦悩する母親たち。長年の会社勤めから解放され、念願だった悠々自適の退職暮らしが実現されたにもかかわらず、奥さんにくっついて歩き回ることでしか時間をつぶすことのできないぬれ落ち葉の老人たち。「自由の憂鬱」を説得的に語るための実例は、あたりにあふれるほど見出すことができる。

ある日、時間をもてあましたあなたはふと思い立って図書館にでかけ、こう尋ねる。「なにかお勧めの本はありますか？」　そして、「どれも中身は同じようなものですから、好きに選んでください。まあ、どの本でもなにかは書いてありますよ。本にかわりはありません」。そんな身もふたもない答えが返ってくる。それでも、あなたは選択しなければいけない。そして、自分の選んだその本の内容には、自分自身の時間を費やすに足るだけの価値がある、と自分で保証しなければならない。自由はよいことだけをもたらしたわけではない。魔術からの解放、鎖からの解放は、人間を「自分より大きなものによる導き」から切断し、途方に暮れさせ、生存の意味をめぐる根源的不安を直視させるに至る過程でもあったのである。

3　石見人森林太郎の孤独

†鷗外と近代の闇

森鷗外《もりおうがい》の名前を知らない人はいないだろう。言わずと知れた明治の文豪。一八六二年、石見国津和野（現在の島根県津和野市）で、代々藩主の典医をつとめる名門の家系に生まれる。幼少のころから漢学に親しむ一方、文明開化の時流にもあわせてドイツ語を習得。十九歳で東京大学医学部を卒業すると、政府派遣の留学生としてドイツで四年間の在外研究に励む。帰国後は、陸軍軍医としての経歴を着実に積み重ね、軍医の最高位である軍医総監にまで昇り詰める傍ら、旺盛《おうせい》な文筆活動を継続。「舞姫」、「山椒大夫」、「高瀬舟」等の代表作を世に送った。一九二二年、「余ハ石見人森林太郎トシテ死セント欲ス」と遺言を残して死去。没後の墓には、その華麗な経歴の痕跡を一毫《いちごう》たりとも漂わせることなく、ただ「森林太郎ノ墓」の六文字のみが刻まれることになる。

神童がそのまま大人になって最後まで人生を駆け抜けた希有な天才の事例というか、ため息がでるほど華々しい経歴だ。ただし、同時に、鷗外が生きた明治という時代は、日本という国が近代への道を歩み始めたまさにその黎明期にあたることをわたしたちは忘れてはならないだろう。鷗外の生涯は、日本という国が近代の波にさらされ、翻弄されるとともに立ち向かい、そしてなによりもその光の側面のみならず闇の側面をも正面からみすえ、みずからの一部として飲み込んでいった過程と歩調をあわせるものでもあったのである。そして、現在に生きるわたしたちがいまもなお鷗外の著作に引きつけられる理由の一つは、鷗外が「近代の毒」を飲み込み、「意味」や「ほんものの生」の喪失に苦しむ西洋近代の暗黒面と全身で格闘した思想家であった点に求めることができるのではないか。わたしはそう考えている。

† ほんものの生をめぐる鷗外の苦悩

たとえば、鷗外は、自伝的小説「妄想」において、先にみたエリオットやトリリングにおける「ほんものの生」への関心とも本質的な点で重なる考察を示している。小説「妄想」が取り上げるのは、若き日の鷗外がドイツ留学中に「なんとなく」感じた「心の飢え」。政府派遣のエリート医学生として、多忙で充実した毎日を過ごす青年鷗外の胸にふと訪れた「人生の空虚さ」をめぐる疑念、あるいは、「自分のほんものの生はどこにあるのか」という問いかけである。

医学の都、ベルリンでの日々は飛ぶように過ぎる。昼間は大学の講義で最先端の理論を学ぶ。あるいは、研究室に出向いてはヨーロッパの俊英たちと対等に渡り合い、切磋《せっさ》琢磨《たくま》の研鑽《けんさん》に励む。夜は芝居に出かけ、舞踏場で時を過ごし、やがてカフェに場所を移しては心行くまでベルリンの夜を楽しむ。夜も寝ずに仕事を続けることもある。それでも、若い体は、一晩寝ればすぐに回復する。

自信に満ちて、活動的で、前途洋々の人生を力強く前進する若きエリート留学生の姿が目に浮かぶ。しかし、それでも、と鷗外は告白する。時折、心の寂しさや苦痛に襲われることがある。神経が興奮して仕事が手につかなくなることがある。そして、そんなとき、鷗外の頭脳は専攻する厳密な学問としての医学を離れ、自由な領域へと飛翔し、「生といふものを考へる。自分のしてゐる事が、その生の内容を充たすに足るかどうだかと思う」。以下は、これまでの自分の積み重ねてきた生活を振り返り、自問する鷗外の独白である。すこし読みづらい文章かもしれないが、辛抱しておつきあいいただきたい。

生れてから今日まで、自分は何をしてゐるか。始終何物かに策《むち》うたれ駆られてゐるやうに学問といふことに齷齪《あくせく》してゐる。これは自分に或る働きが出来るやうに、自分を為上《しあ》げるのだと思つてゐる。其目的は幾分か達せられるかも知れない。併し自分のしてゐる事は、役者が舞台へ出て或る役を勤めてゐるに過ぎないやうに感ぜられる。その勤めてゐる役の背後《うしろ》に、別に何物かが存在してゐなくてはならないやうに感ぜられる。策《むち》うたれ駆られてばかりゐる為めに、その何物かが醒覚《せいかく》する暇《ひま》がないやうに感ぜられる。勉強する子供から、勉強する学校生徒、勉強する官吏、勉強する留学生といふのが、皆その役である。赤く黒く塗られてゐる顔をいつか洗つて、一寸舞台から降りて、静かに自分といふものを考へて見たい、背後《うしろ》の何物かの面目を覗《のぞ》いて見たいと思ひ思ひしながら、舞台監督の鞭《むち》を背中に受けて、役から役を勤め続けてゐる。此役が即ち生だとは考へられない。背後《うしろ》にある或る物が真の生ではあるまいかと思はれる。併しその或る物は目を醒《さ》まさう醒《さ》まさうと思ひながら、又してはうとうとして眠つてしまふ。……（「妄想」）

日頃、世間に出て振る舞っている自分はなにものであるか。脇目もふらず、懸命に勉学に励んでは、医学者としての階段を一歩ずつ踏みのぼってきた自分の人生とはいったいなんだったのか。舞台の上の役回りと、背後にあるほんものの生の乖離《かいり》。役柄をつとめるだけの生に感じざるをえない満たされなさや空虚感。トリリングの問題意識と重なるところに鷗外の苦悩があることは明らかだろう。

鷗外の感じる「痛切な心の空虚」、「なんともかとも言はれない寂しさ」は、もちろん、わたしたち自身の生に降りかかる困難とも連続する性格を含んだものである。わたしの人生とは、鷗外が自覚したのと同様、「舞台の上でしている役」をつとめるだけのそれであったにすぎないのではないか。その意味で、わたしのこれまでの生はただの「贋物」にすぎなかったのではないのか。人生のレールを順調に歩んでいる人がみな、みずからの生の有り様に不満を感じず、なんの悩みも抱くことなく生きているというわけではないだろう。有名大学を卒業し、一流と言われる大きな会社に就職し、順調に出世街道を昇り続けたからといってなんになるというのか。たしかに、世間的には恵まれた、幸福な人生ということになるのだろう。でも、だからどうした。これがわたしの本当の生であるとは思えない。こんな風に舞台の上の役を演じるだけでわたしは生涯を終えることになるのだろうか。自分には、もっと別の可能性があるのではないか。ほかに、もっと本当の自分を活かす、役柄とは別のところに息づく真の生というものが目を覚ますことはないのだろうか……。だれでも、一度や二度は抱いたことのある感覚ではないかと思う。

そんな苦痛、そんな煩悶に悩んでは寝られない夜、自分の心を慰めるものはないか、切実に探し求めて鷗外はさまざまな書籍をひもとく。うわべに現われた自分の役柄のその根に響くような、舞台でしている役の感じではないような、なにか。そのなにかが覚醒することはないのか。そのなにかを自分に教えてくれるものはないのか。仏教、基督教《キリスト》、さまざまな哲学、心理学。どこかに心の慰めとなるものはないかと探しまわる鷗外の知的苦闘は、いずれも徒労に終わる。

† ハルトマンとマインレンデル

たとえば、鷗外は、そのような思想家のひとりとして、十九世紀ドイツの哲学者、エデュアルト・フォン・ハルトマンに言及している。鷗外によれば、ハルトマンの哲学とは、「錯迷の三期」という題目のもと、「人生は幻滅の繰り返しにすぎない」こと、それゆえ「幸福を求めて人生を送っても失敗に終わらざるをえないのであるということ」を、次のような仕方で説くものである。

第一に、人間がこの世での幸福を実現する可能性は閉ざされている。若さ、健康、友情、恋愛、名誉、いずれも幸福を実現するには足りない。人は年老いる。病に倒れる。友情にも、恋にもいずれ破れるときがやってくる。まして、名誉などが幸福を実現する上でなんの足しにもならないことはだれもがよく知るところだろう。また、「死後」に幸福を求めようとしても無駄である。死とともに意識が失われるのである以上、だれがその死後の幸福を享受することができるというのか。最後に、人類の未来に希望を託し、世界の進歩に幸福を求める道も失敗に終わる。世界がどれほど発展しても、老い、病、困難、災厄が絶えることはないとしか考えられない。このように、ハルトマンの考えでは、現世、来世、未来、どこを探しても幸福は永遠に得られない仕組みになっている。人間は、苦を耐え忍びながら己を世界に委ねるほかになす術をもたない。本当のことを言えば、世界というものは存在などしなかったほうがよほどよかったのだ。ハルトマンは、そのようにして「人生の目的としての幸福」という「錯迷」を「打破すること」(Disillusion)を教える。

では、幸福が得られないのであればどうするか。いくら努力したところで幸福はやってこない。最初からやってこない仕組みになっている。そう悟ったところに開けるのが死に対する憧憬《しょうけい》の思想だろう。どれほどもがいたって生を肯定することなどできやしないのだ。なにをやったって無駄なあがきにしかならないのだ。ならば、いっそ、死ぬか。死んでしまえばなにもかも、きれいさっぱり問題は解決するのではないか——。そう考えた鷗外は、次に、そのような「死への憧憬」を体現した哲学者として、同じく十九世紀ドイツの哲学者、フィリップ・マインレンデルのペシミズム思想に言及する。

マインレンデルは言う。ハルトマンの不吉な教えを承認し、生に対する絶望に陥った人間は、遠くに死を望みみる。そして、「恐怖して面を背ける」。「生きていたってろくなことにはならないのだから。苦痛しかないのだから」。そう思いながらも人は死の圏域へと足を踏み入れることができない。死の国にしか生の苦を解決するものはないのだ、そう勘づいてはいるけれども、さりとて死までの距離を積極的に縮めることもできない。死の約束する無におののきながら、遠目の憧憬でもってその暗黒の国を見遣りつつ、人は繰り返し、円を描くように死のまわりを徘徊《はいかい》する。そのうち、円が小さくなる。死を取り巻いて歩く自分の輪が小さくなる。そして、生に対する絶望と死に対する恐怖が織りなす葛藤の渦の中でくたびれ果てた人間は、「とうとう疲れた腕を死の項《うなじ》に投げかけて、死と目と目を見合はす。そして死の目の中に平和を見出す」。鷗外が伝えるところによれば、死と生に対する絶望の関係をそのように説いた後、マインレンデルは死への憧憬をめぐるみずからの思索を証拠立てるがごとく、葛藤の中に三十五歳で自殺する道を選んだのだという。

† 永遠の不平家

さて、マインレンデルの死に対する憧憬の議論を検討した後で、鷗外は、自分には「死に対する恐怖もマインレンデルの死に対する憧憬もない」ことを断言する。ハルトマンの言う「錯迷打破」の思想には共感するが、鷗外にはマインレンデルのように「死の中に永遠の平和をみてとる」ことができない。「幸福が永遠にやってこない」と残酷な現実を承認しておきながらも、死の中にあるはずの救済を仰ぎ見ることができず、「道に迷い」、「青い鳥を夢の中に尋ねる」ことしかできない。当然、生の問題をめぐる鷗外の「心の飢え」、生きていることそのことに対する「なんともかとも言はれない寂しさ」は満たされないままだ。こうして、心の慰めを求める鷗外の試みは、すべて失敗に終わる。そして、最後に残る鷗外の言葉は次のようなものになる。

自分は此儘《このまま》で人生の下り坂を下っていく。そしてその下り果てた所が死だということを知って居る。……

死を怖れもせず、死にあこがれもせずに、自分は人生の下り坂を下って行く。……（「妄想」）

青い鳥を求めながら眼前の灰色の鳥を青い鳥とみることができない。自分は幻影を追うているだけなのだと重々承知しておきながら、決して手に入ることのない影を追う心はいつまでたっても変わらない。「なぜそんな無駄だと分かっていることを？」と問われたところで、それに答えることはできない。それは、鷗外にとって「只単純なる事実」、「意識の上の事実」としか言うことのできないものなのである。「永遠の不平家」としてみずからの人生を生き抜くしかないのだということ。そして、「永遠の不平家」でしかありえない自分の人生をあえて引き受けながら、覚悟の上で「人生の下り坂」を下り続けて行くしかないのだということ。それが、鷗外の到達した結論であった。

わたしたち自身の生のあり方と、ずいぶん似通ったところはないだろうか。自分はなんのために生きているのか。「自分のしていることが、生の内容を満たすに足る」と確言することのできるような、「ほんもののわたし」に響きかけるような、そういった手ごたえのある答えはないのか。なにをどう考えても、生まれてからこれまで、自分のしてきたことはただの「上辺《うわべ》の徒《いたづ》ら事《ごと》」ではないのか、という疑念を振り払うことができない。ハルトマンが言うように、この世にも、来世にも、未来へ向けての進歩にも、苦痛を救済し、すべてを解決してくれる「なにか」を見出すことができない。では、絶望して自殺するのか。生きていても辛いだけなら、いっそ死の中に平安を求めるのか。そう問われれば、その勇気もない。「死にたいのか」と聞かれても、積極的に死を選ばなければならないほど生にうんざりしているわけではない。生きるも死ぬも進退窮まり、ただ引力に引かれて死への下り坂を下っていくだけの自分。

先にみた、ライトノベルの若者たちとも重なるところがあるかもしれない。わたしはいじられキャラだから、周りの空気読んで演じなきゃ、笑わせなきゃいけない。そうしなきゃ、輪から外れて浮いちゃうことになるから。役立たずって、切り捨てられちゃうことになるのは嫌だから。そう思って自分に与えられた役回りを必死で演じ続ける。でも、なんだか満たされない。結局、自分のやってることに意味なんてないのかもしれない。ときどきそうは思うのだけれど、「舞台から下りてぜんぶなかったことにするか」と言われると、その勇気は出ない。だって、どこに行ったっていまとそれほど変わることはないだろうから。たぶん、自分はこうしてこのまま死ぬほど辛いわけでもない毎日を過ごしていくのだろう。「人生の下り坂を下って」行くのだろう。

† 遺言状のこと

「永遠の不平家」である鷗外の生涯は、医師の名門に生まれたことに由来するさまざまな人生選択上の縛り、エリートとしての階段を昇りつめることに伴う同僚や上官との不和や確執、家庭内においてはヒステリーを抱えた妻とのいざこざなど、世間上の役柄という重荷をだれよりも強く担い続けるものであったと言えるだろう。がんじがらめに縛られて、与えられた地位の重さがゆえに重責から逃げ出すことも許されず、だからといってその名声ある社会的地位と仕事の充実が生の空虚を満たしてくれるわけでもない。そして、冒頭にふれた通り、軍医総監にまで昇りつめ、当代一級の文筆家としての地位と名声をほしいままにしたその鷗外が、人生の最後に残した遺言は次のようなものであった。

死ハ一切ヲ打チ切ル重大事件ナリ　奈何ナル官憲威力ト雖《いえども》　此ニ反抗スル事ヲ得スト信ス　余ハ石見人森林太郎トシテ死セント欲ス　宮内省陸軍皆縁故アレドモ　生死別ル、瞬間アラユル外形的取扱ヒヲ辭《じ》ス森林太郎トシテ死セントトス　墓ハ森林太郎墓ノ外一字モホル可ラス　書ハ中村不折ニ依託シ宮内省陸軍ノ榮典ハ絶對ニ取リヤメヲ請フ　手續ハソレゾレアルベシコレ唯一ノ友人ニ云ヒ殘スモノニシテ何人ノ容喙《ようかい》ヲモ許サス

（大正十一年七月六日付　鷗外の遺言状）

鷗外の反骨心は、この世に別れを告げるに際して、「石見人森林太郎」としての自己以外のいかな

る要素をも、みずからがこの世に生きた証として残すことを認めなかった。人生最後の舞台に、これまでの舞台監督や役柄が「くちばしをはさむ」ことを断固として拒絶した。鷗外は、遺言状というみずからの生のフィナーレを飾る文字通り最後の舞台において、これまで演じ続けてきたすべての役柄がみずからの「ほんものの生」を構成するに足りないものであったことを宣言している、ということだ。鷗外にしてなお、あるいは、鷗外ほどの人物であるがゆえに、宮内省や陸軍など、みずからが生涯をかけて築いてきた地位や栄達といったものが、生の空虚を埋めるに足りないものであることを骨身にしみて断言することができた、ということなのだろう。鷗外の探し求めた「勤めている役の背後に眠るほんものの生」は、墓場における永遠の眠りの中でようやく達成の運びをみる。死という一切を打ち切る重大事件を待ってようやく、役からの解放が、探し求めてきた本来の自己への覚醒が達成された、という事実は、非常に示唆的で、掘り下げて考えてみるべき話題を多く含んだエピソードであるように思う。

4　生活の解放

†　青年小泉純一の煩悶

もうすこし、鷗外の話を続けよう。最初に、「青年」と題された中編からの一節を引用する。すぐ後にみるように、当該の箇所における鷗外の狙いは、「生活」ないし「本当の意味で生きる」とはどのようなことであるか、という「妄想」の主題とも連続する話題を論じることに定められている。

十一月三十日。晴。毎日几帳面に書く日記ででもあるように、天気を書くのも可笑しい。どうしても己には続いて日記を書くということができない。こないだ大村を尋ねて行った時に、その話をしたら、「人間は種々《いろいろ》なものに縛られているから、自分で自分をまで縛らなくても好いじゃないか」、といった。なるほど、人間が生きていたと云って、何もあくせくとして日記を附けて置かねばならないと云うものではあるまい。しかし日記に縛られずに何をするかが問題である。何の目的の為めに自己を解放するかが問題である。

（『青年』）

この日記の書き手の名は小泉純一。作家として身をたてることを志し、東京に出てきた若者である。そして、「妄想」と同じく、テーマとして言及されているのは役柄に縛られながらもなんとか潜り抜けている日常。人間関係から日々の仕事から、わたしたちの生がさまざまなものに拘束され、解放されないものであることがここでも繰り返されている。先にみた鷗外自身の生涯をめぐるエピソードとのつながりで言えば、こういうことになるだろうか。役柄などを必死で勤めたところでどうせ満たされることなどないのだから、報われない縛りなどからは自分を解放するにこしたことはないのではないか。とくに、「毎日日記を書くわたし」などといったあまりにもちっぽけな役柄からは、気軽に自分を解放してやるのが一番ではないのか。そんな風に友人大村のなにげない言葉に、主人公の青年純一が思いをめぐらせている場面である。

たしかに、純一を縛るのは日記というちっぽけなものだ。それなのに、そのちっぽけな日記にすら縛られる。ちっぽけなものなら切り捨ててしまえばいいいじゃないか。自己を解放すればいいではないか。しかし、と純一はここで自問する。自己を解放するというが、ではなんのために自己を解放するのか。役柄を乗り越え、自己を縛りから解き放つというが、その先にいったいなにがあるというのか。

作る、製作する。神が万物を製作したように製作する。これが最初の考えであった。しかしそれが出来ない。「下宿の二階に転がっていて、何が書けるか」などという批評家の詞《ことば》を見る度に、そんなら世界を周遊したら、誰にでもえらい作が出来るかと反問して遣《や》りたいと思う反抗が一面に起ると同時に、己はその下宿屋の二階もまだ知らないと思う怯懦が他の一面に萌す。丁度Titanosが岩石を砕いて、それを天に擲《なげう》とうとしているのを、傍に尖った帽子を被った一寸坊が見ていて、顔を顰《しか》めて笑っているようなものである。

（『青年』）

純一は作家志望の青年である。彼には目指すところがある。成し遂げようとする青雲の志がある。神が世界を製作したがごとくに、世の実相を明るみにもたらすような作品を書く。自分にとってのほんものはこれだ。純一はそう考える。自分を納得させようとする。しかし、本当のことを言うと、こんな毎日を続けていても自分の志が達成されなどしないことは純一にも分かっている。おそらく、自分には、冷厳なまでに人の世の真実を見抜き、浮き彫りにする小説を書く準備などできてはいない。下宿の二階というちっぽけな世界すら知らない自分が、世間という大海に出て、ものをみてまわったところでなんになるというのか。もの笑いの種になるだけではないのか。心の中で自問自答するにつれ、小説家として身をたてようとする「本当の願い」が、いまの自分にはあまりにも大きな課題に思えてくる。その実現に向けて一歩を踏み出す勇気がもてなくなる。そして、一つの残酷な真実に気がつくのである。目標を果たすために為さねばならぬと分かっている日々の要求、自分にはそれをすら満たすことができていないのではないか。

人生の岐路、生涯を左右する決断。そこまで大きな場面でなくても構わない。受験勉強で、仕事で、恋愛で、心あたりはないだろうか。よし、最近気になって仕方がないあの人に電話しよう。いまやらなくていつやるんだ。携帯電話を手にとる。さあ、通話ボタンを押せ。頭脳が命令する。それなのに、指が動いてくれない。まるで自分の指が自分自身の意志をもって「梃子《てこ》でも押してたまるか」と抵抗しているかのようだ。そのうち、頭の中でつい先ほどまでの決心をにぶらせるような声が響き始める。そういえば、まだ話す内容を十分に考えてなかった。コーヒー飲んで気持ちを落ち着けてから、いや、もうすこし友人と相談してからでいいか。今日のところはメールにしとく、という手もあるよな。よし、じゃあ、明日こそ、きっと……。現実に目を向けることさえなければ、いつまでも自分をだましておける。安心していられる。そうやって自分を納得させる怯懦《きょうだ》、臆病、そして、狡猾《こうかつ》な怠惰。それがわたしのすべてかもしれない。

†「生活」を先送りする

話を鷗外のテキストに戻そう。生を束縛する縄をほどき、生活を解放せよ。そう言われても、それがなかなか難しい。その道を進んだところで、自分にはやり遂げることができないのではないか。才能の無さを露呈するだけの結果に終わりそうで足がすくむ。では、どうすればよいというのか？ わたしにはこの場で足踏みするほかに道はないのか。天に向かって石を投げ上げ、その石が重力に引かれてふたたび地に落ちてくるのをなすすべもなく見守ることしかできないのか。純一の自問自答は続く。


そんならどうしたら好いか。

生きる。生活する。

答えは簡単である。しかしその内容は簡単どころではない。

一体日本人は生きるということを知っているだろうか。小学校の門を潜ってからというものは、一しょう懸命にこの学校時代を駆け抜けようとする。その先きには生活があると思うのである。学校というものを離れて職業にあり付くと、その職業を成し遂げてしまおうとする。その先きには生活があると思うのである。そしてその先には生活はないのである。

現在は過去と未来との間に劃した一線である。この線の上に生活がなくては、生活はどこにもないのである。
そこで己は何をしている。

（『青年』）

ここで鷗外の言う「生活」という言葉は、ドイツ語ならLeben、英語でlife、フランス語でvie。いまなら「人生」と訳すところの言葉だろう。「本当の意味でいまを生きること」くらいの内容で理解しておいてよいところかもしれない。そして、鷗外は「生きる」ということ、「生活する」ということをめぐってこう問いを立てる。わたしたちにとってのその「生活」はどこにあるか、と。

純一の日記が指摘するのは、人生と「いま、ここ」で直面することを回避し、「将来のどこかあるところ」に定めた一点から視線を折り返すことによって現在の自分を位置づけ、安心を得ようとする態度である。先ほどの、眼前の真実から目を背ける怯懦、臆病、という論点とのつながりで言えば、とりあえず問題を先送りすることで自分を納得させようとする態度、ということになるだろうか。

「いまわたしがあえて人生に立ち向かわないのは、いずれ十分な準備ができてから勝負に挑むためである。いずれ、わたしにとっての本当の生活がやってくる。将来のそのときを思うからこそ、いまはあえて無謀な暴走を慎み、面白くもない毎日をやりすごしているのだ。それでも、自分が前進していることに違いはない。自分は、一歩ずつ、着実に、本当の生活に近づいている。なんの問題があろうか」。そんな考え方だ。

† 安全を讃えて

この章のはじめに引いたエリオットの話などを聞いて、「なんだか縁遠い／自分には関係のない話だ」そんな感想を抱いた人にも、鷗外の言葉は響くところをもたないだろうか。

なんのために受験勉強なんかするのか。事件の年号とか、半年後には忘れるに決まっている古代ギリシアの政治家の名前とか、そんなもの覚えてなにか意味があるとでも思っているのか？　仕方がないだろう、大学に合格するためだ。では、首尾よく大学に合格したとして、なんのために学校に通って授業を受けるのか。単位をとって卒業するためである。なんのために大学を卒業するのか。就職するためである。なんのために就職するのか。安定した収入を得て、明日の食事に困らなくてもすむように、病気をしても経済的な心配をしなくてすむようにするためである――。

「そんな人生行路そのものが楽しいのか」と聞かれれば、「そうだ」と胸を張って答える自信はないかもしれない。でも、いまが苦しくても明日は、明日が暗くても、明後日は。耐えて、頑張っていれば最後には報われるはずだ。本当の人生が自分にも訪れるはずだ。そう考えてなにが悪いというのか。

重みのある言葉だと思う。同じ気持ちを感じたことのない人がいるだろうか。これから先の「生活」が不安だから、資格のとれる仕事にしよう、手に職をつけておこう。すこしでも安全のにおいがする道を選ぼう。「辛いことも多いし、そんなに面白くもないけれど、将来のため」、「いま我慢しておけば、なにか見返りに得られるものがあるだろうから」。そんな風に、いまにも折れそうな自分の心を説得し、膝をつきそうになる体を支えながら毎日の暮らしを乗り切っていく。

しかし、そのような切実でまじめな願いを前に、鷗外の冷酷な目は真実をみすえ、こう告げるのである。あなたが将来の生活を思い、監督の鞭を受けながらただ舞台の上の毎日をあくせくと演じ続けるその裏側で、「本当の人生を生きるあなた」は、覚めることのない眠りにつく。そして、それは、その先にあなたの望む生活など存在してはいないのだ、ということを意味する。「将来の生活」を盾にして、いまのにせものとしての自分を救済しようとするあなたの切実な願いは、決して叶えられない、ということを意味する。

ここまでの話を聞いて、「いや、ちょっと待ってくれ」、そう思った人がいるかもしれない。わたしはそこまで現在を、瞬間を痩せ細らせてなんかいません。余計な難癖をつけないで下さい。若いし、健康だし、ゲームに、恋に、いまを楽しんでますよ。役柄とか人生とか、そんなことで悩んでる暇はないですよ。それより大事なことがいっぱいあるじゃないですか。ほかに、いま考えなきゃいけない問題っていっぱいあるじゃないですか。就職、試験、友人、サークル、アルバイト。全部全力でやってるし、おまけに充実してます。とにかく、わたしたち先のためにいまを犠牲にするとかじゃなくて、一生懸命、いまを生きてますから。決していまをないがしろにしているわけではありませんから。

しかし、そう答えた人たちにもう一度問うてみてもらいたい。「生活」があったとして、どうなる？　仮にいま君が「生活」を実現できているとして、では生活が実現されればそれで安心、と言えるその理由はなになのか。

†「なんのために?」を問いぬいてみる

そんな風に問題を一歩先へと進めた上で、もう一度「青年」のテキストに戻ることにしよう。「生活」を求め、「いまを生きる」ことを真摯に問う純一は、その日記になにを書き付けるのか。

その今日でなくなった今日には閲歴がある。それが人生の閲歴、生活の閲歴でなくてはならないはずである。それを書こうと思って久しく徒に過ぎ去る記念に、空虚な数字のみを留めた日記の、新しいペエジを開いたのである。／しかし己の書いている事は、何を書いているのだか分からない。実は書くべきことが大いにあるはずで、それが殆ど無いのである。やはり空虚な数字のみにして置いた方が増しかも知れないと思う位である。

しつこいようだが、同じ話をあえて繰り返そう。揉まれても踏まれても蹴られても、十回、二十回と否定されても就職活動を続けるのはなんのためなのか。毎日満員電車に揺られては会社に通勤し、腹の立つ相手に頭を下げ、いやみだらけの上司にへつらい、愛想笑いを浮かべ、這いつくばってまで本当の自分のものではない役柄を演じ続けるのはなんのためなのか。なるほど、たしかにうんざりするような毎日だ。それでも、よい人、役に立つ人、頼りがいのある人、明るい人、優しく思いやり深い人を演じ切り、すべてを成し遂げた暁には、自分にも本当の生活が与えられるのではないか。いまがみじめでも、いずれ報われるときも来るのではないか。それが、わたしがいまを耐え忍ぶ理由だ。

しかし、と鷗外は指摘する。その思いが報われることはないのである。その先に生活はないのである。「生活がある」とすれば、それは「いまこの場この時、自分が暮らしているまさにこの場所」以外にありえないはずだ。だから、いまを生きろ。現在の上に、君の生活を切り開かなければならない。

しかし、上に引用した純一の日記の続きは、ことがもっと深刻であるかもしれないことを示してはいないだろうか。「神が万物を創造したように書く」。これが、純一のそもそもの目的であった。彼がみずからの「生活」を帰属させる先であった。しかし、「神が万物を創造したように書」けば、ほかのいかなる役柄にも埋めることのできない生の空虚が満たされる、と考えることの根拠はなんなのか。そう問われたとして、わたしたちにいったいどのような答えを返すことができるというのか。「神が万物を創造したように書いた」からといって、なんにもならないかもしれないではないか。ほんものの生は、「その先にない」のではなく、そもそも「どこにもない」のかもしれないではないか。「日記を開いても書くべきものがないのだ」という純一の独白は、彼がいま「にせもの」の生をしか生きていないから、という理由によるのではなく、わたしたちの生活がそもそも書くに値するいかなる内容をももちえないものと成り果てている、というより深刻な理由によるものではないのか。

わたしたちの生は、その最善の形態においてすら、そもそも生きるに値しないものであるかもしれない。あなたはそもそもなんのために生きるのか？　この問いに対し、ごまかさずに、「これ以上の正当化はない、これこそが最後の根拠だ」と言い切ることのできる「なにか」は、最初からわたしたちの手には入らない仕組みになっているのかもしれない。

他に隠れもない鷗外ほどの文豪にして、本当の生活が実現されたのは彼が「石見人森林太郎」その人に戻ったとき、すなわち、墓場の中においてではなかったのか。「生きること、ひとめいめいの人生は本当に信じるに足るものであるかどうか」。トリリングの不吉な言葉がよみがえる。わたしたちの人生は、本当のところ、その〈ほんもの〉としてのあり方が実現された場合においてすら、信頼するに足りないものであるのかもしれない。すくなくとも、その可能性を、わたしたちは真剣に考慮してみなければならないだろう。

（1）　エリオットの略歴・業績等については、次の文献を参照。池田雅之『猫たちの舞踏会――エリオットとミュージカル「キャッツ」』（角川ソフィア文庫、二〇〇九年）。

第三章　生きている理由／死なずにいる理由

1　ハッピーエンドの夢

† 迷子になった歴史

幼いころ、父親に連れて行かれた外出先で迷子になったことがある。まだ小学校にも上がらないころのことだったのではないかと思うが、休日の競輪場だか競艇場だかで、突然ひとりぼっちになって、わけも分からないまま寂しくって泣き喚いていた。小さいころの話だし、詳細を鮮明に記憶しているわけではないのだが、親切などなたかが迷子室まで連れて行ってくれたのだろう。事務所においてあるスチール机の前に座って、係の人からみかんなどをもらって慰められていたところへ、迷子の案内放送を聞いた父親が向こうから駆けてくる姿をみて心底ほっとしたことだけはよく覚えている。

唐突に聞こえるかもしれないが、生きる意味の喪失だとか、本当の生活の実現をめぐる困難だとか、ここまでに扱ってきた問題を、わたしはなんとなく自分が迷子になったときの記憶と重ねて考えてみることがある。鎖から解放されたことで、人類は進むべき道を見失った。つまり、迷子になった。迷子だから、さみしい、悲しい、心細い。そのうちに夕暮れがせまる。あたりがだんだん暗くなる。「お父さん、お母さん、たすけて!」と、必死の思いでだれかが迎えにきてくれることを祈る。一刻も早く、温かくて、おいしいごはんが食べられて、安心して眠れる家に帰りつくことを願う。

けれども、「方向を見失った人類」をめぐるこのシナリオは、わたしが幼いころに経験した出来事とは決定的な点で異なっている。この物語においては、迷子になったわたしたちを見つけ出し、温かい家に連れ帰ってくれる父も、母も、存在してはいないのである。わたしはひとりぼっちでだれひとり助けてくれる人のない場所に置き去りにされている。そして、永遠にそのままである。わたしの抱える孤独や不安は、わたしの心臓が停止し、意識がなくなるそのときまで、永遠に解消されることはない。

思想史家、アイザイア・バーリンがこんなことを述べている。戦争、差別、貧困、自然災害など、歴史は目を背けたくなるような残酷な出来事に満ちている。しかし、それでもわたしたちが希望を失わずに毎日を生きていこう、と考えつづけてこられたのはなぜか。それは、おそらく、わたしたちが

「ハッピーエンドの夢」を、すなわち、後退、失敗、中断、野蛮状態への復帰などは避けがたいことだとしても、それでも人類は幸福で自由、公正な世界の実現へと向かって進歩している、という夢を捨て去らずにきたからだろう。でこぼこ道、曲がりくねった道、いろいろあるだろうけれど、それでも歴史という人類のドラマはハッピーエンドで終わるはずだ。そう信じてきたからこそ、わたしたちは現実がつきつけるすべての困難に耐えることができたのではないか。そうでないとするならば、すなわち、歴史が真の目標、真の価値の実現に向けた進歩の歩みでないとするならば、これまでに流されてきたすべての血が、わたしたちが耐え忍んできたすべての苦痛が、なにもかも無駄であったことになる。「自分たちの経験してきたすべては無意味な悲劇にすぎなかった」だなどと、そんな馬鹿なことがあるはずはない。「なんのために」の問いに答えがないというのなら、きっと問題のほうが間違っているのだ。バーリンはそう述べている。

バーリンの考えを冒頭の話と重ねてみるなら、こういう言い方ができるだろうか。きっとだれかが助けにきてくれる、きっとだれかが自分を探してくれている。そう信じられればこそ、迷子の孤独や不安にも耐えることができるのだ、と。ある程度ものの分かった小学生が、「だれも助けになど来てくれない」と理解した上で異国の街に置き去りにされたとして、その子は自分が直面した現実に耐えることができるだろうか。あるいは、その子のドラマが救いようのない悲劇の連続にしかならない、と分かっているとしたら、あなたはそのドラマをこと細かに最後まで見届けようと思うだろうか。見捨てられた子どもには、きっと幸せな結末が待っている。この子の苦労はきっと報われる。そう信じればこそ、その子にふりかかるさまざまな苦難をみつめることができるのではないか。

しかし、現実は、ドラマのように優しい結末など約束してはくれない。牙を剥き、むきだしの事実をありのまま、情け容赦なくわたしたちに突きつけるだけだ。なんの罪もない命が何千、何万の単位で奪いとられる戦争。広がるばかりで縮小するきざしのみえない格差。留まるところを知らない環境の汚染と破壊。二十世紀は悪事と不幸の世紀、とはよく言われるところだし、二十一世紀も大差ないとしか思えない。新聞をみたり、ネット上のサイトをのぞいたり、日々報道されるさまざまなニュースをみていると、つくづくこう思わされる。たぶん、明日は今日よりよくならない。

† 過剰なペシミズムだろうか

こういう言葉が返ってくるかもしれない。絶望には抵抗しなければならない。未来への希望を捨ててはならない。「これまでこうだった」は「これから先もこうだろう」と決して同義ではないのだから。

なるほど、十年後、二十年後、五十年後、ひょっとしたら百年後、二百年後の世界について考えてみることにはそれなりに意味があるかもしれない。再生可能エネルギーの実現なり、核兵器の廃絶なり、極端な経済格差の消滅なり。ひょっとしたら、なんらかの前進が見出されることになるかもしれない。では、千年後、一万年後、さらにいうなら十万年後の世界のことを考えてみればどうなるか。千年前には源平の合戦が行なわれていた。一万年前は、縄文時代にあたる。その千年、一万年の時の流れを逆向きに反転させ、同じだけの変化を未来に投影してみるとどうなるだろうか。千年後の世界がどうなっているか、わたしは正直想像するのが恐ろしい。一万年後、人類はまだ生存しているだろうか。「これまで存続してきたのだから」は「これからも存続するだろう」を決して意味しない。では、十万年後は？ おそらく、日本なんてもう存在していないだろう。それだけの年月を経て、人類が、世界が、いまと同じあり方をしているとはとても考えられない。ちなみに、十万年前はネアンデルタールの時代だった。

フロイトはかつて、「貧乏な患者と金持ちの患者のいずれかを選べといわれたら、自分は金持ちの患者を選ぶ」と述べたそうだ。金持ちの患者は、「お金さえあれば問題は解決する」という単純な思考の段階を乗り越えているから、と。フロイトのこの発言を、あなたはどう受け止めるだろうか。たとえば、生に対する不満がこんな嘆きを生むことがある。こんな時代にさえ生まれていなければ。あと二十年早く生まれていればおれだって。おれが悪いんじゃない、社会が悪いんだ。云々。これらは、ぜんぶ、しょせん無意味な叫びでしかないかもしれない。仮に、望んだものが手に入ったってなんにもならないかもしれないだろう。大成功して、大金持ちになって、世間的にも尊敬されて、順調すぎるほど恵まれた人生を送ったとしよう。だから、どうした？ それで？ そう聞かれたらどう答えるのだろうか。あなたが成し遂げたことなど、百年もたてばだれもが忘れ去り、跡形もなくなっているだろう。百年残ったとしても、千年後には同じことだ。歴史自体が消え去る運命にあるのなら、歴史に貢献したところでなんになるだろう。わたしたちは、生の意味という問題に対して、あまりにも素朴に楽天的でありすぎてきた、ということはないだろうか。

結局、神の定めたシナリオもなにもない無目的な戯れのただなかで、永遠の空騒ぎが繰り広げられているだけだ。わたしたちはなんのために苦しんでいるのか。空を見上げ、宇宙の歴史に問いかけたとしても、宇宙は永遠に沈黙し、決して答えを返さない。宇宙はただ、「意味」も「目的」ももたずそこにあるだけである。冥王星の片隅に、重さ五キロの鉱石が転がっていたとしよう。その鉱石が「そこにある」ことになにか意味はあるか？　意味なんてあるはずがないだろう。あなたというちっぽけな存在が、太陽系の片隅のちっぽけな惑星の上でうごめいているのだって同じことだ。なんのために？　という問いに対する答えは、おそらく、決定的な仕方で不在である。

前章でみたエリオットたちの言葉は、このことを意味していたのであろう。わたしたちの生を「意味」へとつなぎとめる鎖はほどけ、完全に崩壊してしまった。こんなことやっててなんになるのか、自分が生きていることに意味などないのではないか。そう本気で悩んでいる人に投げかけられる慰めの言葉の数々。「どんなにちっぽけでも、あなたにしかできないことがある」。「あなたがあなたらしくあれば、それだけで何事かを達成したことになるのだ」。どれもこれも、嘘くさい。あなたが与えてきたすべての「生の理由」――わたしが生きているのは「～のためだ」、「～だからだ」という「理由づけ」のすべて――は、なにもかも幸福な思い込みにすぎなかったのかもしれない。「生きることには意味がある」という暗黙の大前提。実は、前章でみたハルトマンの言葉通り、わたしたちの生を支えるその前提自体が幻想にすぎなかったのかもしれない。

ギリシア神話に取材し、アルベール・カミュが独自の考察を加えたことで知られる「シーシュポスの神話」。神々を侮蔑《ぶべつ》したシーシュポスに対し、神々が罰を下す。シーシュポスに与えられた罰の内容は、休みなく岩を転がして、ある山の頂まで運び上げるというもの。しかし、ひとたび山頂まで達すると、その岩はそれ自体の重さでふもとまで転がり落ちてしまう。石を運び上げてはまたもとの場所へと突き落とされて……。シーシュポスの「無益な受難」は、一歩たりとも先へと前進することなく、永遠に繰り返される。

正直なところ、このようなシーシュポス的な不条理の世界こそが、わたしたちの人生や人類の歴史の正確な記述を与えるものだ、ということはないだろうか。歴史は、無意味な出来事の不条理な繰り返しにすぎない。それこそが、ことの真相をついた説明なのだ、ということはないだろうか。

†「生きている理由」の不在

率直に言ってしまえば、生きることの意味や自殺しないでいることを説明する「理由」など存在してはいない、ということだ。家への帰り道で、突然の冷たい雨に降られる。おまけに濡れた道路でタイヤがすべって転ぶ。自転車がパンクする。踏んだり蹴ったりで「なんでわたしがこんな目にあわなければならないのか」とみじめな気持になる。「いったいなんのために?」そう問うても答えはない。すべて、無益な受難だ。人間の生も、結局のところ同じではないのか。死は有意味なものを終わらせるのではない。だれも気にかけることなどない山の奥深くで草が枯れる、花が散る。沈黙の宇宙における人間の死も、そしておそらくは人類の滅亡も、ただそれだけのことにすぎない。生を支える根拠の不在。生きる理由など「無」であるということ。伝統的に、ニヒリズム／虚無主義と呼ばれてきた事態の成立だ。

「生きる理由」の崩壊というのは、結局、「ニヒリズム」という言葉に集約されるさまざまな事象と連動する事態である。だから、その裏返しとして、「じゃあ、生きててもしょうがないってことなんですね。死んじゃったほうがいいってことなんですね」と言われれば、「死なないでいる理由」（鷲田清二）なんて「本当は唖然とするほどない」（中島義道）。それが、ことの真相であるということなのかもしれない。

その間の事情について、現代日本の哲学者・中島義道は、醒めた目で事柄を注視しつつこんな述べ方をしている。

末期ガンの患者やアルツハイマー病の患者が自殺を試みるとき、多くの人は同情するであろう。自分に残された人生には、もはや苦しみしか待っていないのに、残りのわずかな人生をあえぎあえぎ走りぬいたとしても、そのあとに待ちかまえているのは死だけである。ならば、いま死んでなぜ悪いのだろうか。なぜ、私は苦しみ抜いてから死ななければならないのだろうか。

（『どうせ死んでしまう』）

友人が、同級生が、不意の自殺を遂げる。黒雲のように「何故」という問いが湧き上がる。そして、ふと気がつく。「生きる理由のなさ」が彼を自死に導いたのだ。では、わたしは？　こうして、中島の問いかけは、そのままあなたに跳ね返る。「生きてたってなんにもならないのに、なぜいま死んでしまってはいけないのか」。

「あなたが死ぬとわたしが悲しいから。だから、あなたは死んではいけないのだ」。あなたはわたしにそう言うかもしれない。しかし、その言葉のゆえにわたしが死を思いとどまったとして、そのことがわたしを再び生の苦しみの中に、無意味の空漠な生が果てしなく続く毎日に呼び戻すだけなのだとしたら。「あなたの悲しみ」が「わたしを苦しみの海に投げ返す」理由を構成するだけなのだとしたら。まだこれから「長い」人生のあいだ、シーシュポスのごとく不条理な苦しみが続くだけの毎日なのに、あなたはなぜ、なんのために、なんの権利をもって、わたしをこの苦痛に満ちた世界に呼び戻したというのか？

あまりにも陰鬱で、受け入れがたい、言わずもがなの話をしすぎたかもしれない。しかし、たぶん、それを認め、受け入れるところから始めなければ、本当の生とか生きていることの積極的理由とか、語ったところで上辺だけの空虚なごまかしにしかならないのではないか。わたしにはそう思われるのだ。

ただし、ここで、誤解のないようにあらためて確認しておきたい。冒頭でわたしが立てた課題は、

「どうせ辛いことばかりの毎日なのに、それでも生きなければならないのはなぜか」という問いに肯定的な答えを与える、というものであった。ここまでに紹介してきたような悲観的な見方を振り払うにはどうすればよいのか。これが、わたしが自分に課した課題であるということだ。だから、わたしは、自分がなんのためにここにいるのか、なんのためでもないと言われて反論できないことが悔しい。言葉につまって、開き直り、目をそらすことしかできない現在の状態が非常にもどかしい。そして、いまのこの「答えのなさ」をめぐる状況を、まるごとひっくり返す可能性をどうにかしてみつけ出したい。心底そう思っている。

だから、「そんな暗い話ばっかりするんだったらお前がいま死ねばいいじゃないか」と言われたら、わたしは断固として「いやだ」と答える。大切な人に、「わたしは生きることに疲れました。もう死ぬことにしました」と言われれば、「なにがあっても絶対に死んではいけない」とわたしは答える。「わたしにこれ以上まだ苦しめと言うのか」、そう詰められたら、「そうだ、逃げるな、もっと苦しめ」とわたしは答える。でも、なぜ？　なんのために？　いま、ここで、性急に答えを求めることはしないでおこう。わたし自身の考えを伝えることができるのはまだまだ先にならざるをえない。いまは、ただ、一歩ずつ、虚無から抜け出す道を、せめて「死なないでいる理由」をみつける可能性を、ゆっくりと探していくことにしよう。ただし、残念ながら、もうすこし暗い話が続くことになる。とことんまで考え抜き、納得のいく手ごたえのある答えを探りあてるためだ。いましばらく、辛抱してつきあってもらいたい。

2　人間は考えたがってなどいない

† 考えてもしょうがないことは考えない

自分で考えることが大事だ。そんな風によく言われる。いわく、「自立的思考」。混迷する時代にあって、たしかな方向を定めることのできる腰のすわった洞察力を身につける。教育機関の入学案内パンフレットなどその典型だろうか、あちこちでそんなフレーズを目にする。そして、みんなそれがなにかすべての人間が身につけるべき、非常に大切な能力であるかのように受け止めている、らしい。

でも、本当にそうだろうか。「こんな時代だから、時流にごまかされず、事実を冷静に見通す目をもたなければならない」という建前は、その裏側に「そんなものもたずにすむならそれにこしたことはない」という本音を隠してはいないだろうか。

たしかに、人間には考えなければならないことが山のようにある。今晩の献立をどうしようか。子どもが熱を出したんです。喧嘩してしまったあの人とどう仲直りしようか。明日の仕事の準備は。宿題が出てるんだ、授業のレポートを書かなければ。収入が足りない。どうやって毎月の家計をやりくりして行けばよいのか……。日々をしのいでいくためのハードルをクリアするだけで手いっぱいだ。

そんな毎日を過ごす中で、日常の編み目からこぼれおちるような話題なんて、あまりに縁遠く、いちいち立ち止まって考えていられるはずがないだろう。とくに、「死とはなにか。死がすべてを終わらせてしまうのであれば、いまの自分の苦労に意味などないのではないか」とか、「なぜいま死んではいけないのか。死なないでいることに理由などないのではないか」とか、「考えてもどうにもならないだろう」と感じられる問題であればあるほど、「面倒くさいゴタゴタに巻き込まれるのはごめんだ、できればごめんこうむりたい」とわが身を遠ざけておきたくなるのが人情ではないか。

わたしも、こんな仕事をしていなかったら、けっこう素通りでごまかしていたかもしれない。よしんばその種の「問い」に引っかかることがあったとしても、「生きていることに意味なんかないかもしれないよな。でも、そんなこと考えてる場合じゃないんだ。意味があろうがなかろうが、明日の会議の資料を作らないとまずいことになっちゃうんだよ」。そんな目先の用向きにまぎれて、大事なはずの「問い」はいつのまにか封印されることになっていたのではないかと思う。結局のところ、どれほど大事な問題かは知らないが、わざわざ考えずにすむ問題、考えてもろくなことにならないと分かっている問題などいちいち考えてみようとは思わない。それが、わたしたちの偽らざる本音だということはないだろうか。

†　快適な未成年状態

「人間は自分で考えたがってなどいない」。このことを、おそらくだれよりも明敏に察知し、指摘した（とすくなくともわたしには思われる）のが、十八世紀ドイツの哲学者、イマヌエル・カントである。以下、見慣れない言葉が数多く登場し、すこし読みづらい箇所になるかもしれないが、カントのきわめて重要な文章を取り上げてみよう。

啓蒙とは人間が自ら招いた未成年状態から抜け出ることである。未成年状態とは、他人の指導なしには自分の知性を用いる能力がないことである。（「啓蒙とは何か」）

ここでいう「啓蒙」とは、ドイツ語ではアウフクレールンク Aufklärung、英語では enlightenment、フランス語なら lumières。「光」で世界を照らしだし、真実のあり様を「明らか」にすることを意味する。また、ここで言う光とは「自然の光」、つまり、理性のこと。要するに、「理性を用いて世の真実を明らかにすること」程度の意味で啓蒙という言葉は使われているわけである。また、「未成年状態」とは、ドイツ語では Unmündigkeit。Mund というのは「口」、つまり「言葉」のことだから、「自分の口で話せない状態」、他人の言葉を借りてそれなりを気取ってはいるものの、口から出るのは「自ら考え抜いた思考の結果」ではなく「他人の指導のもとに語らされている」だけの「しょせん借り物」。立派なことを語っているようでいて、そのじつ口をついて出るのはどこかで聞いたような安っぽい決まり文句ばかり。それがカントの言う「未成年状態」である（ミシェル・フーコーは「他者の後見のもとにあること」とうまい訳し方をしている）。要するに、カントの言う「未成年状態から抜け出ること」としての「啓蒙」とは、「他人の指導なしに」自分で考えること、理性を発揮し、みずから「本当にそれでよいのか」、「なぜそうしなければならないのか」と問い、みずからの責任をもって自分の言葉で実際に発言する態度を身につけること、という意味であることになる。
もうひとつ、カントの言葉を続けよう。

この未成年状態の原因が知性の欠如にではなく、他人の指導がなくとも自分の知性を用いる決意と勇気の欠如にあるなら、未成年状態の責任は本人にある。したがって啓蒙の標語は、「あえて賢くあれ！」「自分自身の知性を用いる勇気をもて！」である。（「啓蒙とは何か」）

ここで、「成年状態に達すること」、つまり「みずから理性を用いてあえて真実を知り、語ろうとする態度」が、他人の指導なしに考え、発言する「決意」や「勇気」と結びつけられていることの意味はよく分かってもらえるのではないかと思う。「あの人がこう言っていた」ではなく、「わたしはこう思う」と断言すること。とくに、世の人びとの考えと食い違う内容を、自分自身の責任のもとに世に向けて発信するということ。それがどれほどの困難を呼び起こし、どれほどの決意を必要とするものであるかは、だれしも経験したことのあるところだろう。
この点については、カント自身が次の印象的な文章を残している。

自然はこれほど多くの人間を他人の指導からとっくに解放しているのに、なぜ彼らは生涯をとおして未成年状態でいたいと思い、またなぜ他人が彼らの後見人を気取りやすいのか。怠惰と臆病こそがその原因である。未成年状態でいるのはそれほど気楽なことだ。私の代わりに知性をそなえた書物があり、私の代わりに良心をもった司牧者、私の代わりに食事療法を判断してくれる医師などがいれば、私は実に自分で努力する必要はなくなる。彼らに謝礼金を払うことさえできれば、自分で考える必要はなくなり、他人が必ず自分に代わって面倒な仕事を引き受けてくれるだろう。

（「啓蒙とは何か」）

人びとを未成年状態に結びつける「怠惰」。考えなくてすむのなら、言われたことをこなすだけで十分にほめてもらえる、十分な見返りが返ってくる。わざわざ自分で考えることはコストのかかることだろう。間違うかもしれないし、強い人と意見が違ったりすると面倒だし、失敗したら自分で責任までとらなきゃいけない。そんなリスクを負ってまでなぜ「自分で考え」たりなどしなければいけないのか。

安全な発言の自由と権利が保証された大学の授業でさえ、人前で自説を主張することから逃げ回る学生さんばかりみてきた人間としては、「身にしみてよく分かる」とつぶやかざるをえない言葉だ。大教室の講義科目で質問したときのあの恐怖の沈黙。そのうち、だれかが答えて場は適当に流れて行くだろう。まあ任せておけばいいじゃないか。自分が矢面に立たなくてすむだなんて、面倒がなくてありがたい話だ。万歳！……

繰り返そう。人間は、本当のところ、自分で考えたがってなどいないのではないか。

人々の監督責任を、ごく親切にも引き受けた後見人たちが気を配って、大半の人間……が成年状態への歩みは困難であるだけでなくたいへん危険でもあると考えるようにさせている。後見人はまず自分の家畜を愚鈍にしておいて、このおとなしい生き物が押し込められている歩行車から外へあえて一歩も出ないよう注意深く防止している。その後で、彼らが一人で歩こうとするときになると、危険が襲ってくると教えているのである。ところで、実際この危険はそれほど大きくはない。というのは、彼らは数回転べばきっと最後には歩くのを学ぶからである。しかし、危険が襲ってくる実例を見ると尻込みしてしまい、たいていは、おどされてそれ以上の試みはすべてやめてしまうのである。

（「啓蒙とは何か」）

自分の頭で考えて、周囲と摩擦を起こしてなんになるだろうか。わたしは違った意味で〈賢い〉人間として生きることにしよう。多少の意見の相違はあろうとも、それなりに気にくわないことはあろうとも、決して顔に出してはならない。ましてや、公然と反論するなんて馬鹿な真似をしてはならない。世の中は強い。わたしはか弱い子羊。戦え、などと言ってくださるな。わたしも、ときにおかしいと感じることくらいはあるのです。でもね、いまの平穏な暮らしを台無しにしたくなどはないのですよ。いじめに口出しをして、自分がとばっちりをくったらどうするというんですか。

カントが強調しているのは、「理性」を用いることの困難さ、「自分の力で思考し、自分自身の言葉で語ること」をめぐる根本的な困難である。それも、圧倒的多数派たる良識ある世の中や市民たちのただなかにあって、みずからの理性を頼りに進むべき進路を定め、真実を語ろうと勇気を持ち続けることの難しさである。いじめはいけないことだ。頭ではそう分かっている。では、みずからの判断を信じ、あえて立ち上がり、教室内で横行する不正を撲滅すべく敢然といじめっ子に立ち向かう勇気がもてるか。それが難しい。いじめる側に回れば、自分は安全である。自分が「正常」な「多数派」の側に位置している事が保証される。安全な空間が、平穏な毎日が確保される。

厄介な問いからは本能的に身を背け、安定した、無難な虚偽の中で真実をみる目を閉じ、あえて真実を問うことをしなくなる。ほかの箇所でのカントの言葉を用いるなら、「純粋理性の安楽死」。それがわたしたちの生の本質であるかもしれない。

†　真実だけが人生ならば

なんだか、こんな風に思われてくる。理性的な人など、本当は非常に数すくないのではないか。むしろ、周囲と摩擦を起こすことなく、良識的に世間を立ち回るまともな人であればあるほど、問いつめ、考え抜く能力としての「理性」を行使することはすくないのではないか。そして、それはあまりにも当然のことであるようにも思われる。人は、「問い抜く」ことなど望んではいない。とくに、その先に都合の悪い事態が待ち受けているのではないか、と予測されるときには、本能的にその問いから身をかわそうとする。世間が言ってるんだから、それに従おう。世間の言うことが正しいかどうかなんて考えなくていい。そのほうが、楽で得で安全じゃないか。危険な荒野を自分の足と判断で歩くより、だれかに指導してもらいながら安全な道路上を歩いたほうがいいに決まっている。

結局のところ、世に言われる「自発的思考の薦め」の正体とは、次のようなものであったのかもしれない。「自分で考えろ、ただし、結論がわれわれの教えと一致する限りにおいて」。そして、「その先に、快適で安全な暮らしが確保されるのであれば、あえて火中の栗を拾う必要などない」。たしかに、聞いていて気持ちのいい言葉ではないだろう。しかし、ここで、わたしたちは、ニーチェのように「理性」に敵対し、「理性」の解体を企てた破壊的ないし反社会的な哲学者ではなく、なによりも「理性」を重んじたカントのような哲学者がこのような趣旨の発言をしている、という事実に注目するべきであると思う。それも、たわむれや通りすがりに口をすべらせた類の文脈ではなく、彼の哲学を特徴づける最大のキーワードでさえある「啓蒙」をテーマとする文献の中でカントがこのような言葉を述べている、という事実を、わたしたちは真剣に考慮する必要があるように思う。

3　不都合な真理を追放する

† ダチョウが夢見る安全ないま

「ダチョウの政策」という言葉をご存知だろうか。草原のど真ん中で、自分を捕まえにやってくる捕食者と出くわしたダチョウの話だ。戦ったって勝ち目はない。逃げたところで逃げ切れない。そう悟ったダチョウはどうするか。砂の中に頭を突っ込んで、なにも見えず、聞こえないふりをする。あの怖いやつはもうやってこない。これでもう大丈夫。そう考えて、現実をみすえていたのでは絶望しか得られないところに安心を確保する。わたしたちは、ダチョウの姿を、馬鹿なやつだ、滑稽《こっけい》なやつだ、と笑うことができるだろうか。

冒頭に引いた少女の悲しい事件。少女が母へのプレゼントとして準備していたマフラーを首にかけ、みずから命を絶ったその日、フィリピン出身の母は一本の電話をかけたという。相手は、少女をいじめていたとされるクラスメイトのひとり。おぼつかない日本語で、母は電話の向こうの相手に娘の悲報を伝えた。その後、級友の自殺を知らされたその児童は、母親に伴われて少女の家を訪れ、こう話したという。「わたしじゃありません。他の子たちがいじめていたんです」。

少女の葬儀では、四年生の妹の「おねえちゃーん」と泣き叫ぶ声があたりに響き渡っていたそうだ。仮に、自分がその起こってしまった事件の当事者だったとして、あなたはその場に響き渡る妹の叫びが全身に突きつける「責任」の重さに耐えることができるだろうか。不都合な真実からは目を逸らし、「わたしじゃない。もっとひどいことをやってた連中がたくさんいる」。そう自分に言い聞かせ、ごまかしの先に得られる偽りの安心の中で、平穏無事の毎日が続くことを願わないだろうか。

真実がどうかなんて知ったことじゃない。深遠で壮大でおまけに厄介な問題なんて、そんな性質の悪い話には関わりたくない。真実を知ったところで不安になるだけだろう。絶望が待っているだけだろう。ならば、なぜ、そんなものを知らなければならないのか。なにも知らないまま、幸せに暮らせるのならそのほうがよいに決まっているじゃないか。第一、そんな面倒な問題に関わったりしていたら、ただでさえシビアな毎日を生き抜いていくことなんかできないだろう。青臭い議論より先に、「現実」を乗り切っていかなければならないのだ。「真実」がどうのより先に、わたしは生きていかなければならないのだ——。

† まあ、大丈夫だろう

「問いを先送りにする日本人たちの姿」をめぐる鷗外の記述を思い起こすべきところかもしれない。「これが本当に自分の望んでいる生活か」。いまそんな「最後の問い」をたてても答えは得られないかもしれない。わたしたちはうすうすそう勘づいている。だから、こんな風に考える。いま答えがなくても、きっと「その先」になにかがあるはずだ。いま問わなくても、だまってやりすごせばいつかだれかが問題を解決してくれるはずだ。こんな風に、わたしたちは、なにかを問うことがあるにしても、都合のよい答えをあらかじめ準備して、それが安全な問いであることを確認してから問い始めているのではないか。

かつて、授業の受講生からこんなコメントをもらったことがある。大学生として生きることは非常に楽だ。ほとんどなんら責任を負うことなく日々を送ることができるし、将来に対する不安も、現在の安楽な状況を通してみるとぼやけてくる。いまの社会・経済はよくなくても、未来永劫このままであるとは思えない（そのうち回復するだろう）し、大災害もめったに起きることではない。環境の最終的な破綻は当分やってこないだろう。卒業後も、大卒の肩書があるし、それほどひどいことにはならないだろう……。

わたしはときに思うことがあるのだが、やかましく論じられる環境問題などについて、わたしたちは無意識のうちにこれと同じつきあい方をしているのかもしれない。いまのままのペースでエネルギーを使い続けていたら、いずれ根本的な破綻がやってくると分かっている。いや、それどころか、ひょっとすると地球の環境は実はとっくに折り返し可能な地点を通過してしまっているのかもしれない。止まることのない自然破壊は、もはや、いかにしても回復の不可能な段階にまで進行してしまっているのかもしれない。わたしたちの文明は、静かに、だれにも止めることのできない破滅への一線をすでに踏みこえてしまっているのかもしれない。しかし、そんな現実を直視すれば耐えられなくなる。毎日の安心な暮らしを続けていけなくなる。どうする？　絶望的な現実を知らずにいれば、すくなくともしばらくのあいだは安心な生活を続けていられるだろう。こうして、問題から目をそらし、現実をみようとしない自分を必死で正当化する。

問いを遠ざけ、真摯《しんし》に「いま」を、自分の「生」をみすえることをせず、「都合のよい真実」だけが目に入るようにするわたしたちの防衛本能。「みたくない現実」からは目をそらし、すこやかな暮らしを維持するために人びとが採用するフェイルセーフ（多重安全）の設計思想。この態度は、わたしたちの日常に染み通っている。

ふとした拍子に胃が痛む。ひょっとして胃潰瘍《いかいよう》でも患ったのではないか。悪くすると胃ガンかも。

そんな不吉な可能性がぼんやりと頭をかすめても、それが真実であった場合に突きつけられる苦しみを思い、「まあ、大丈夫だろう」とつぶやいて自分を納得させる。真実と直面せざるをえなくなる状況を先送りにして、安心の眠りの中に自己を埋没させる。

問いの答えが、真実が、耐え切れないほど辛いものであるとき、あえて真実から眼を背けようとするのがわたしたちの本性なのだと思う。あなたが幼い子どもを育てる母親／父親であったとしよう。あなたは重い病の床にあり、回復の見込みはない。それなのに、「ママの／パパの病気はどんな病気？」と、子どもが執拗に「本当のこと」を聞きたがる。あなたは、子どもの世界があまりにも残酷な真実に支配されることを恐れ、「もういいから、ママは／パパは大丈夫だから。いい子だから、あっちへ行って遊んできなさい……」。そう答えることを選びはしないだろうか。

4　死を遠ざける

†　馬鹿正直に話せるか

「みたくない現実をみようとしないだけのわたしたち」だとかなんだとか。もううんざりです。いやな話ばかりしないでください。わたしはなにも悪いことなんかやっていません。ただ、善良に、周りに迷惑をかけずに暮らしているだけです。なぜわたしがそんな難癖をつけられなければならないのですか。ダチョウだなんだって、ダチョウのなにが悪いんですか。自分を守ってるだけです。自分に戦うだけの力がないから、せめて悲しくないように必死で防衛してるだけじゃないですか。なにが悪いっていうんですか。もう放っておいてください。かまわないでください。ていうか、あっちいってそばに寄ってこないでください。

そんな声が聞こえてきそうだ。

そして、実際のところ、不吉な出来事をみせつけようとするものたちを、遠ざけ、追放するところに真っ当な人間としての暮らしが可能になるのだとすれば、わたしも、たぶん、真っ当な人間として生きることを選ぶだろうと思う。

たとえば、不幸な事故で突然ともだちを亡くした幼い子に向かって、「ともだちに起こってしまったこと」をあなたならどう説明するだろうか。「○○ちゃんは死んでしまったの。死んでしまうとは、全部ぜんぶ、なにもかもなくなっちゃってもうおしまい、そういうことなの。魂だとかなんだとか、そういうのがあればいいと思うけれど、それもないものだから」。わたしは、自分がそのような言葉をわが子に向かって話しているところを想像することができない。あるいは、あなたが終末期のガンを患った状態にあるとして、絶望に打ちひしがれている自分に次のような言葉を浴びせる人間をどう思うだろうか。「来世なんてないのです。お気のどくですが。あなたがいまさらすがることのできるものはなにもありません。覚悟を決めてください」。そんな風な話し方をする人間に対して、「誠実にものごとを語る尊敬すべき人だ。ぜひ自分の友人であってほしい」などという評価を下す人はいないように思う。

若くて、健康な人ならなおさらだろう。「死とかちょっと話題にするのもいやだし。もっと楽しい、前向きな話がたくさんあるのにどうしてそんな話を聞かなくちゃいけないんですか。たしかに、わたしだって不安を感じることはあります。真剣に考えてみようかな、って思う事もあります。でも、そんな思いをそのまま口に出してたんじゃ周りから迷惑がられるし、浮いちゃうし」。みんながみんなそう考えている中、望まれてもいないのに死だの不幸だの生きることの無意味だの、無理矢理に押しつけようとする人間が歓迎されるはずもないだろう。周りから信頼すべき人格者として受け入れられるのは、明るくて、前向きで、ためになる話をしてくれる人であって、陰気で気が滅入《めい》るような話題を延々と語り続ける人間では決してないように思われる。

「いや、そんなことはない、どんなに辛い話だろうがわたしはつきあうよ。誠実に問い、ごまかさずに真実を語る。それがなによりも大切なことだから」。ひょっとしたら、そんな奇特な答えを返す人もあるかもしれない。しかし、そのような人でさえ、本音のところでは、平穏な日常を望む大多数の――「普通の」――人間たちと同じ思考様式にとらわれている、ということはないだろうか。問いを遠ざけることをせず、勇気と寛容の心をもって不都合な真実に向き合おうとする強い心の持ち主であってさえ、腹の底では「不吉なもの、普通でないもの、異常なものを遠ざけられるならそれにこしたことはない」と考えているところはないだろうか。

自分がそのように強い心の持ち主である、などと主張するつもりは毛頭ないのだが、わたしにも、こんな経験があった。アメリカに滞在中、二番目の子どもが生まれることになったときのことだ。通っていた産科の先生から唐突にこう告げられた。「次は、母体から採血して、生まれてくる子どもの出生前スクリーニング検査をすることになります。医学的には高齢出産の範囲に入りますから、受けておかれたほうがよいですよ」。日本では経験がなかったのだが、あちらではダウン症等の先天的障害を対象とする検査が通常の診療の一環として行なわれている、ということらしかった。

一週間ほど、妻と相談したり、自分でもいろいろと考えたりした上で、検査自体を断ることにした。どんな障害をもって生まれてこようが人間だ、わが子であることになんの変わりもない。健常で元気な子が生まれてきたときと寸分たがわず、まったく同じだけの喜びと感謝でわが子の誕生を迎え入れればよいだけのことだ。なんとはなしに、そんな風に思いを定めていたのだと思う。当時の心境をこと細かに記憶しているわけではないのだが、「まあ人として当然の判断だろう。スクリーニングの結果が陽性だった人はどうするのだろうか。羊水穿刺して、確定診断が陽性だったらやはり中絶を選択することになるのだろうか。それは、やはり、どこか歪んだ考えではないだろうか。命の選別という差別を行なうことになるのではないか。自分は、絶対に差別する側の人間になどなりはしない……」。薄ぼんやりとではあっても、そんな——いま思えば傲慢な——気持ちを心のどこかに宿らせていたように思う。

妙な言い方になるが、そんな自分の「差別しない心」など所詮はうわべのきれいごとにすぎない、と感じさせられたのは、子どもが無事に生まれて一週間ほどたってからのことだった。わが子が安産で生まれ、一緒に自宅に帰り、新生児検診を受けたりなどして一段落ついたころ。すやすやと眠っている赤ん坊の顔をみて、心の底からこう思ったのだ。「普通でよかった。異常のない子でよかった」と。

自分の心の中に、差別への傾きが否定のしようもなしに根付いていることを、いやというほど味あわされた瞬間だった。「要するに、偉そうなことを言っておきながら、自分だって心の底では「どっちがいいか」を決めてかかってるんじゃないか。いや、〈自分は道徳的だ、差別なんかしてない〉とか偽善者ぶったごまかしで隠してる分だけ、自分のほうが質の悪い差別をしているのではないか」。結局のところ、身の回りから異常なもの、不都合なものは極力排除して、不要なイザコザや苦労のない楽な生き方がしたい。それが、自分の偽らざる本音であった、ということになる。封じられた問いが解き放たれ、偽善の仮面の下に隠されていた本音が暴き出された瞬間だった。

† 追放されるべきタブーとしての死

こんな風に、わたしたちは、日々の暮らしから不快なものたちを遠ざけ、目の届かないところへと封じ込めることで、自分たちのための快適で安全な空間を確保しようとする。裏を返せば、こういうことだ。不吉で、不都合で、耳にしたくもない世の真実を知る人がいたとして、その真実を同胞たちに伝えようとする彼の言葉はだれにも聞き入れられない。変わり者ですめばよいが、結局は「迷惑な、害悪をなすもの」として排斥される。常に真実を追い求め、包みかくさず語ろうとするものを、わたしたちはおかしなことを言う異常者として疎んじ、遠ざける。そして、正直なところを繰り返すが、わたしも同じ穴のムジナだ。

自閉症の子を抱え、壮絶な毎日に疲れ果て、途方にくれる母親の前で、あるいは、地震で身内を亡くし、家も財産も失い、絶望の中にたたずむ被災者を前に、「あなたの苦労にはなんの意味もありません。すべて、無益な受難にすぎないのです」。傲慢にそう言い放つ人間を、あなたは許すことができるだろうか。わが子を幼くして亡くした両親の前で、「長く生きたって世の中ろくなことはありません。この子は、世の中の汚いところ、嫌なところをみずに幸せなまま死んだのです。むしろ喜ぶべきではありませんか……」そう語る人間を、率直に世の真相を語るよき友として受け入れることができるだろうか。わたしは、これらの問いに肯定的な答えを返す自分を想像することができない。自分なら、その者たちを心の底から憎み、目の届かないところへと力づくで追い払い、そしてその者たちの語ったおぞましい言葉に触れてしまったという記憶をすら必死で振り払おうとするのではないかと思う。

わたしたちは、不吉な話題を本能的に回避する。そして、わたしたちが拒絶し、けがらわしいものとして追放する対象のうち、その最大のものが死であることに疑いはないだろう。とても恐ろしく、不気味で、逆らっても無駄な〈なにものか〉としての〈死〉。そして、逆らっても無駄であると知ればこそ――捕食者を前にしたダチョウのように――わたしたちはその〈得体の知れないもの〉から目をそらし、直面せざるをえなくなるその瞬間まで死を直視することを避け通そうとするのだろう。

「人間は、死と不幸と無知とを癒すことができなかったので、幸福になるためにそれらのことについて考えないことにした」。十七世紀フランスの哲学者、ブレイズ・パスカルの言葉だ。そして、パスカルの言う通り、日常生活における「婉曲語法」(「死ぬ」というかわりに「永眠する」「身罷《みまか》る」「他界する」)の使用や「忌み言葉」(「四」は「死」を、「九」は「苦」を連想させるために嫌う)の存在など、人びとがいかに慎重に死の話題を避けようとしているかを例示する「死のタブー化」現象を、わたしたちは数多く指摘することができるだろう。

わたしたちは、死とはなんであるかについて考え、公然と語るものたちを日常の生活空間から締め出し、排除する。死を眼前に突きつけようとするものたちを、不気味で不吉な招かれざる客として忌み嫌い、目の届かない遠い世界へと追放することを試みる。学校からの帰り道。友人が猫の死体を「かわいそうだから」と拾い上げ、「山の中まで連れていって埋めてあげよう」と言い出したらあなたはどうするだろうか。葬儀場が家の隣に建つことになった。新しいアパートを下見にいったら窓の向こうが墓場だった。なんとなく、不吉さを感じ、身の回りからそれらのありがたくないものどもを遠ざけようとはしないだろうか。

繰り返しになるが、わたしは、そのように不快なものを遠ざけ、日々の安心な暮らしを守りぬければそれでよい、と考える態度自体を否定しているのではない。それが、なにか軽蔑され、乗り越えられるべき、みっともなく卑劣な態度だ、などと主張しているわけではまったくない。「厄介な重荷などに悩まされることなく、平和に、肩の力を抜いて笑いながら生きていくことができるならそれが一番だろう」。正直のところ、わたしだって心の底ではそんな風な考え方をしている。しかし、同時に、ではそのような「欺瞞《ぎまん》のただなかで得られる幸福な眠り」の中で、なんの疑問も葛藤ももたず、「すべてはこれでいいのだ」とただ現状を肯定していればそれでよいのか。そう聞かれれば、「そうだ、その通りだ」とストレートに答えることにはためらいを覚える。わたしはいったいになにに引っかかっているのだろうか。わたしが抱いているこのなんとも言えない違和感について、もうすこし掘り下げて考えてみることにしよう。

第四章　苦しむことの力

1　自分を軽蔑することのできない最も軽蔑すべき人間たち

†「わたしたちは幸福を作り出した」

「おしまいの人間たち」という言葉に聞き覚えはないだろうか。第二章で、いわゆる「世界の脱魔術化」を話題にしたとき、チャールズ・テイラーが言及していた言葉だ。問題にされていたのは、自分たちの生を支える大きな根拠とのつながりを失い、「意味の喪失」に苦しむ近代的個人たちの姿。そして、自分ひとりの生を越えた「より高い目的」を見失い、死を賭して成し遂げるに値するなにものかとのつながりを断たれた「没落のどん底」で、「矮小・卑俗な快楽を追い求めるだけ」の毎日にあえぐ人間たち。そういった人びとのことを指す言葉として、テイラーは「ニーチェにおけるおしまいの人間たち」に言及していた。この章での議論を始めるにあたって、まず、これら「没落の究極のどん底」にある「おしまいの人間たち」をめぐるニーチェ自身の記述をみておくことにしよう。

いまは人間の土壌は、それを植えつけるのに、まだ十分ゆたかである。しかしこの土壌もいつかそのうち貧しく、痩せるであろう、そして高い木はもはやそこから成長することができなくなるだろう。

かなしいかな！　やがて人間がもはやそのあこがれの矢を、人間を超えて放つことがなくなり、その弓の弦が鳴るのを忘れる時がくるだろう！

わたしはあなたがたに言う。舞踏する星を産むことができるためには、ひとは自分のなかに混沌を残していなければならない。わたしはあなたがたに告げる。あなたがたはまだ混沌を自分のなかに持っていると。

かなしいかな！　人間がもはやなんらの星を産むことができなくなる時がくる。

（『ツァラトゥストラはこう言った』）

やがて来るおしまいの人間たちの時代を予見しながら、ニーチェの描く預言者ツァラトゥストラは民衆たちに向かってこのように話し始める。いまはまだ混沌をみずからの中に残し、舞踏する星のように輝かしい生を産出する力をもった人間たちは、やがて姿を消すであろう。そして、その後には、「生の英雄的次元」を失い、「自分より大きな宇宙」へと届くあこがれの矢を放つこともできなくなった「おしまいの人間たち」が、ただ「みじめな安逸」への熱望を残すだけの「情念を欠いた」生を延々と続けることになるであろう。ツァラトゥストラはそう予告している。

同じく第二章で見た、「ほんものの生の喪失」という問題とあわせて考えてみるなら、ツァラトゥストラがその到来を予言するおしまいの人間たちは、みごとなまでに「にせもの」である。強者の命令に従い、他者の猿真似のような毎日の中でみずからの存在の感覚を喪失し、剥製の生を生きるだけのコピー人間たちである。「牧人はいなくて、畜群だけだ!」というニーチェ自身の言葉が示す通り、「おしまいの人間たち」と一切が重さを喪失する世界に生きるエリオットの「うつろなる人間たち」とのあいだに本質的な重なりをみてとっておくことは十分に可能だろう。

† 人間性のかつて達したことのない段階にまで登り詰めたものたち

しかし、同時に、ニーチェの描くおしまいの人間たちは、エリオットにおける「うつろなる人間たち」とはある決定的な点で異なってもいる。彼らは、みずからの生の空虚を嘆くうつろなる人間たちと違い、奇妙に明るいのだ。その点をめぐるニーチェの言葉はこうだ。

かれらは賢く、世の中に起こることならなにごとにも通じている。そして何もかもかれらの笑いぐさになる。やはり喧嘩はするものの、かれらはじき和解する――さもないと胃腸を害するおそれがある。

かれらは小さな昼のよろこび、小さな夜のよろこびをもっている。しかしかれらは健康を尊重する。

「われわれは幸福をつくりだした」――「おしまいの人間」たちはこういい、まばたきする――

(『ツァラトゥストラはこう言った』)


エリオットにおける「うつろなる人間たち」が、没落のどん底にある自分たちの姿をいやというほど自覚しているのに対して、ニーチェの描く「おしまいの人間たち」は、自分たちの投げこまれた苦境を嘆くどころか、むしろ誇りにさえ思っている。「かれらには、その誇りとするところのものがある。彼らに誇りを与えているもの、それを彼らは何と呼んでいるか。教養と呼んでいる」(1)。ここで、彼らが誇りとする教養とは、「ささやかな幸福」、「小さな昼の喜び」、「小さな夜の喜び」、そして彼らがなにより尊重する「健康」を生み出す力をもったもののことだ。毎日の美味しい食事。快適で美しい衣服。退屈を覚えさせない娯楽。立派な建物。風儀のよい社交。おしまいの人間たちは、金ぴかの文明という「幸福をつくりだした」のであり、山の奥深くで洗練のかけらもなく暮らす無知で貧しい山羊飼いたちとは違う種類の人間とみなされなければならない。

また、おしまいの人間たちは、物質面だけでなく精神的にも安定した生き方をする。彼らは、子どもっぽく感情を荒立てることはせず、温和に、もめごとを起こす人間も寛容に受け入れる。度を超して羽目を外すこともない。もちろん差別などとは無縁であり、人類はみな兄弟であること、隣人を愛するべきであることを当然の前提として受け入れ、忘れない。立派な人たちだ。それゆえに、ニーチェはこう述べる。


「おしまいの人間」はもっとも長く生きのびる。

「われわれは幸福をつくりだした」――と「おしまいの人間」たちは言って、まばたきする。

……病気になることと不信の念を抱くことは、かれらにとって罪と考えられる。かれらは用心深くゆったりと歩く。石につまずくもの、人間につまずき摩擦を起すものはばか者である!

……かれらはやはり働く。なぜかといえば労働は慰みだから。しかし慰みがからだにさわらないように気をつける。

(『ツァラトゥストラはこう言った』)


繰り返そう。彼らは幸福である。そして、幸福を作り出し、おだやかな毎日を可能にした自分たちの教養を誇りに思っている。だから、当然、彼らは自分たちが「没落のどん底」にあるとは夢にも思わないし、自分たちのことを「軽蔑」すべきなどと言われることを好まない。こうして、「自分を軽蔑することすらできない」おしまいの人間たちの時代がやってくる。「かなしいかな! もはや自分自身を軽蔑することのできないもっとも軽蔑すべき人間の時がくる」。

こういった、おしまいの人間たちが示す自己盲信的な態度を、ドイツの社会学者マックス・ウェーバーは次のような印象的な言葉で伝えている。

それはそれとして、こうした文化発展の最後に現われる「末人たち」にとっては、次の言葉が真理となるのではなかろうか。精神のない専門人、心情のない享楽人。この無のものは、人間性のかつて達したことのない段階にまですでに登り詰めた、と自惚れることであろう。

（『プロテスタンティズムの倫理と資本主義の精神』）

† 現代におけるおしまいの人間たち

剥製の人間たちが抱える藁《わら》のつまった木偶《でく》頭、枯れ草の中の風のごとく囁《ささや》きあうだけのひからびた声。相貌なき形、色なき陰、麻痺せる力、動きなき身振り。エリオットが残したうつろなる人間たちの記述は、ぜんぶ、おしまいの人間たちに当てはまる。彼らは誇らしげにおしゃべりをする。新しい車を買ったんです！　一か月ほど旅行に行ってきたんですよ！　海が綺麗でねえ……。ときには腹も立てる。この国の政治家どもはどうなっているんだ！　こんな恐ろしい犯罪が起きるだなんて！この国の教育がおかしなことになってしまっているからに違いないわ！……

でも、彼らの話す言葉、彼らのなす行為の一つひとつは全部、偽物である。魂のこもらない剥製である。しかし、それでも彼らは自分のことを幸福だと考える。そして、民衆たちもまた、おしまいの人間たちが作り出すおだやかな幸福、石につまずいて摩擦を起こすことのない毎日にあこがれ、そこに生活の理想をみる。だから、皮肉なことに、「最も軽蔑すべき人間のことを教えよう」というツァラトゥストラの目論見《もくろみ》は、完全な空振りに終わる。おしまいの人間のことを知った民衆たちは、彼らの到来を待ち望む歓呼の声をもってツァラトゥストラの語りをさえぎり、ツァラトゥストラに向かってこう叫ぶのだ。「おしまいの人間は最高だ！　わたしたちにおしまいの人間を与えろ！」と。

授業などで「おしまいの人間」を紹介すると、かならずと言っていいほど返ってくる典型的な反応というものがある。「自分はおしまいの人間だと思う。人生をかけるほどのでっかい夢はないのか、と言われてもとくにない。でも、授業とかバイトとかサークルとか、毎日それなりに頑張っているので、自分を軽蔑しなければならないほどひどいかと言われればそうは思わない。心の底から満足しているのか、それで悔いは残らないのか。そう聞かれれば、「そうだ、自分はこれで満足だ」と胸を張って答える自信はない。でも、いまがどうしようもなくひどいというほどではないし、いまの自分の生き方以外の可能性を考えるのも面倒なので、自分はたぶん最後までおしまいの人間として生きるのではないかと思う」。そんな反応だ。ここにあるのは、ツァラトゥストラの言葉を聞いた民衆たちによる手放しの称讃でも、多少の屈折を含んだ「おしまいの人間でなにが悪い」という開きなおりの感覚でもない。そうではなく、「これじゃいけないのかもしれないけれど、ほかにどうしようもないから。それに、このままではいけない、と痛切に感じるほどひどい状態でもないから、まあ、このままでいいじゃないか」といったなんだか醒めた感覚である。

そして、これらの反応に特徴的なのは、そこにかならずと言っていいほど「いまだってそれほどひどいわけじゃないのだから」という「言い訳」がついてまわることである。わたしはおしまいの人間かもしれない。そして、正直なことを言うと、ときどき「本当にこのままでいいのか」と疑問を感じることもある。もうすこし、死にもの狂いで大きな目標に向かって努力してみていいんじゃないか、とか、いまとは違った生き方があるのかもしれない、とか。しかし、すぐにこう付け加えてふと頭に浮かんだその考えを打ち消す。いまの自分と違う生き方を選んだって、また一からやり直すのは苦労と摩擦だらけだろう。まあ、いつか、本当に立ち上がらなければならないときがきたら自分だって黙ってはいないのだから。いまのところはこのままでいいじゃないか。どうせ自分が英雄のような人生を送るわけではないのだから——。その、諦めと苦笑いを混じえた自己正当化のため息が、「おしまいの人間としての自分」に対する彼ら/彼女らの反応の背後には控えているように思えてならない。

では、彼らに面と向かって「目を覚ませ、それは本当の人間らしい生き方ではない」とツァラトゥストラのごとく警告を発し続けるべきなのか。そう問われると、どう答えたものか言葉につまる、というのがわたしの偽らざる本音だ。おそらく、わたし自身の生きざまが大部分「おしまいの人間」たちのそれと重なりあっている、という寂しい自覚があるからだろう。「なぜ寝た子を起こすようなまねをするのか。彼ら/彼女らはいまのままでじゅうぶん〈幸せ〉なのだから、余計なお節介は必要ないのではないか」。そう言われたら、正直、自分でもなんと返事するべきかが分からないのである。

† わたしは中二病

話はすこし脱線するが、「中二病」という言葉をご存知だろうか。「アメリカはなんであんなに汚いんだ！」とか、「学校を出たら二度と使わない因数分解なんか勉強することになんの意味があるんだ！」とか。その種の青くさい主張をまき散らしては周囲にからむ、未成熟な中学生のような振る舞いを指す言葉だそうだ。ネット上の掲示板などをみるかぎり、こういった「中二病患者」が示す症状に対する大方の反応は、「痛いやつらだね」とレッテルを貼り、「みっともないねえ」とからかい半分にその未熟さをあざ笑っては一方的な優越感に浸るタイプのものであるようだ。しょせんはネット上の匿名書き込みにすぎないわけだし、まあもっともなコメントなのだろう、とは思う。ただ、自分が安全な場所にいることを確認した上で無反省に相手を見下し、悦に入っているだけの、中二どころか小学生じみた振る舞いには正直言ってすこしばかり不快さを感じる、というのが正直なところでもある。

しかし、では、自分なら中二病患者たちを相手にどのような対応をするだろうか。そう問われたとして、この問いに対する答えをいざ真剣に考え始めてみると、これがけっこう難しい。おそらく、真正面からのあまりの素朴な問いかけに内心は苦笑しながら、表面上は「ものわかりのよい大人」を演じることになるのではないかと思う。「気持ちはよく分かるよ。わたしも昔、同じようなことを考えてはイライラしていた。でもね、下らない問いに引っかかっていたってろくなことになりはしないよ。すくなくとも、わたしは、ため息をついて「まあしょうがないね」とやりすごすことを覚えた。とりあえず、アメリカとか因数分解とかはおいといて、十年我慢してごらん。それが幸福への近道だって分かるから。生きて行くには、そうやって「目を閉じる」ことも必要なんだ――」。

要するに、「中二病」を患った小僧たちに不要なごたごたを持ち込まれると面倒だから、表向きは愛想よくつきあった上で、体よく――つまり彼らの気分を害することなく――お引き取りいただくよう説得する、というわけだ。そして、思いやり深く彼らを受け止め、諭すように語り終えた後で、なんというかある種穏やかな表情をして、若者たちの頼りになる相談役を演じきった自分に満足を覚えて目をぱちぱちさせる。われながら、おしまいの人間まるだしの対応だ。

だが、そこまで考えが進んだところで、わたしは急に不安になる。いや、ちょっと待て。「中二病患者に対するわたしの対応はまるでおしまいの人間だ」とかなんとか言ってるが、〈ほんもののおしまいの人間〉たちからすればお前だって立派な中二病扱いになるのではないか。生きることの意味とか、死なないでいる理由とか、彼らにとっては因数分解を学ばなければいけない理由と同じくらい自明の事柄だろう。その種の興奮したって胃腸を害するだけの問題を回避してこそおしまいの人間ではないのか。そんな疑念がふと心に浮かぶのである。

繰り返しになるが、おしまいの人間たちは、自分たちの暮らしに、自分たちが成し遂げた幸福に絶大な信頼を寄せている。彼らは、自分を批判するものがあっても怒らない。ただおだやかに目をぱちくりさせる。賢明な人間はそんな馬鹿なことをしないのです。君はいま幸福なのでしょう。それ以上なにを求めて余計なことを問おうとしたりするのですか。利口なわたしたちは、そのような下らない問題に振り回されたりはしない。わたしたちは善良に、だれにも迷惑をかけず、幸福に暮らしている。なんの問題があろうか、それ以上なにを望むというのか――。

だから、おしまいの人間たちは、「自殺しないでいる理由なんてあるのか」とか、未成熟な問いを投げかけてくるものたちのことを、「無駄なことを考えて、若いな」と思いやり、あわれんだ目でみつめ、こう助言するだろう。四六時中「生か、死か」とばかり考えてはいられないだろう。世の中には、もっと大切なことがある。願わくは普通よりすこし上の生活を。君はそう思わないのか。受験、就職、出世競争。ゲームを降りたらぜんぶ終わりだ。回り続ける世間の輪から外れてなすすべもなく置き去りにされるだけだ。小さな昼のよろこび、小さな夜のよろこび、そして健康。大切なものをぜんぶ失ってしまうことになる。わたしもときどき、「もう一歩踏み込んで考えてみるべきだろうか」と思うことはあるよ。でも、考えることはやめてゲームにしがみついてきた。そして、それでよかったのだと思っている。胃腸を害するような生き方とは縁を切ったからこそ、わたしはいまの幸福を実現することができたのだ。おしまいの人間たちは、書生くさい問いと議論をもって押し迫るわたしのような人間に対して、そうおだやかに語りかけるだろう。

†　おしまいの人間でも中二病でもなく

前章の最後で、わたしは、日常の生活空間を支配するある態度、すなわち、「死をはじめ、不吉で不快なものたちに対して目を閉ざし、遠ざけ、封じ込める態度」にふれた。そして、そういった態度について、「厄介な重荷になど悩まされることなく、平和に、肩の力を抜いて笑いながら生きていくことができればそれが一番だろう」という思いと、「快適で安全で平和な暮らし、それがすべてだ。それらが確保されていればすべてはそれでよいのだ」とは言い切ることのできない違和感と、両者がないまぜになったあいまいな感情をもつ、と書いた。そして、実を言えば、わたしがそう書いたとき念頭においていたのは、「自分たちは幸福を作り出した」と断言し、波風を立てず、おだやかに毎日をすごすおしまいの人間たちの自己肯定を、そのまま無批判に受け入れ、後追いしてよいのだろうか、という点をめぐる違和感であった。あるいは、もう少し正直な言い方をするなら、「そうだ、その通りだ。わたしも肩の荷を降ろしておしまいの人間になってしまいたい。だれかわたしをおしまいの人間にしてくれ！　わたしにもおしまいの人間としての生き方を与えてくれ！」心の中でそう叫びそうになるわたし自身に対する違和感であった。

自分たちを「幸福を作り出したもの」として規定するおしまいの人間たちは、賢明に、器用に、摩擦を起こすことなく軽やかに人生を駆け抜ける。彼らは、中二病にかかった青二才たちのように、不要な悩みに絡めとられることがない。どうやって下らない問題に見切りをつければよいかを知っている。彼らはまた世の中のことによく通じており、人づき合いをしながら生きるとはどのようなことであるかを知っている。下らないケンカはしない。多少腹の立つことがあってもぜんぶ呑み込んで、その場を丸く収める。経験豊富で、成熟し、人生を乗り切る知恵をもった大人たちだ。彼らは本当に幸福そうだ。「うらやましいか」と聞かれれば、素直に「ああ、うらやましい」と答えるのでなければたぶん嘘になる。しかし、それでもわたしは、心のどこかで彼らのような生き方に抵抗を感じずにはいられない。おしまいの人間にあこがれ、辛いことや面倒なことを遠ざけては「これでいいのだ」とつぶやきそうになる自分に、どうしてもこう言ってやりたくなるのだ。「すべて分かったような顔でまばたきをするのをやめろ。目を閉じてみえないふりをしても、一番大事な問題はなにひとつ解決していないことは自分でも分かっているはずだろう」、と。洗練され、悟りきった小さな喜びの中に確保された安穏で平静な暮らしをそのままにコピーしようとする自分が、苦笑いしながら「表向きは平穏無事にすんでるんだからまあいいじゃないか」と割り切って心の中で言い聞かせようとする自分が、わがことながら嫌になる瞬間があるのだ。

2　ウィリアム・ジェイムズの憂鬱

†　病める魂とすこやかな心

十九－二十世紀アメリカの宗教心理学者、ウィリアム・ジェイムズは、その主著の一つである『宗教的経験の諸相』において、この世に生きる個人の性格には二つの類型をみることができる、と述べている。一つめは、「生まれつき宇宙の陽気な面を強調して、宇宙の暗い面に思いわずらうことを最初から禁じられているような一種の体質」の持ち主であり、ジェイムズはこれを「すこやかな心」と呼んでいる。二つめは、「世界のなかに苦痛、悪、災いを見ずにはいられず、〈宇宙よ、万歳！〉と単純に大声で叫ぶことのできない陰鬱な精神」の持ち主であり、これらの人びとにジェイムズは「病める魂」という名を与えている。

また、現代日本の宗教学者岸本英夫は、ジェイムズの提示するこの区別を踏まえつつ、人間が生きる上で抱えることになる「二つの根本的な課題」の存在を指摘している（『死を見つめる心』）。一つは、「人間は、どう生きてゆけばよいか」という課題であり、もう一つは、「人間は、なんのために生きているか」という課題である。

岸本は言う。「すこやかな心」にとっては、現在の、時々刻々の生活が、生きがいに満ちている。彼ら／彼女らはその日その日を心行くまで楽しみ、生きているということ自体に直接的な価値を見出す。「今日も一日よい人生だった。さあ、明日は何をしようか」。この世の人生にじゅうぶん満足し、「生きていられる」ということそのことに感謝するすこやかな心には、生きていることの理由や価値をめぐる問題が生じることはない。「どう生きていこうか」と考えることはあっても、「自分はなんのために生きているのか、自分が生きていることに意味などあるのか」という疑念が抱かれることはない。

それに対して、「病める魂」の持ち主は、いま現在の自分の生にどうしても満足を見出すことができない。今日を生きることの苦しみ、明日も生きなければならないことの憂鬱を思って、彼ら／彼女らはこう問わずにはいられない。「今日も、明日も、同じような重荷を背負い続けるだけの人生を、わたしはなぜ生きていかなければならないのだろうか」。自らの人生が存在してしまっている、という事態に深い疑問を抱かずにはいられない「病める魂」の持ち主は、「人間はどう生きてゆけばよいか」という問題より、「自分はなんのために生きているのか」の問題により深い関心を寄せるのである。

さて、精神のあり方に「健全」と「病気」の二つを区別する上記の議論に特徴的なのは、ジェイムズが後者の「病んだ」魂の側に自分自身を帰属させ、その上で「すこやかな心」の持ち主たちには見通すことのできない真理が宇宙には存在すること、そして、そのような宇宙のあり方をめぐるより深い洞察は、病める魂を経由することによってはじめて獲得されるのではないか、と主張する点である。ジェイムズの憂鬱な魂は、「幸福が一番だ、健康が一番だ」と繰り返し説くすこやかな心たちの「晴れ晴れとした楽観的福音」に断固として背を向ける。そして、「あわれみと苦痛と、恐怖、人間の無力さの感情がいっそう深い見解をもたらしはしないか、そして、事態の意味を解くためのより精密な鍵をわたしたちに手渡してくれはしないかどうか」、真剣に考えてみることを提案するのである。

† 時代経験としての憂鬱

第二章でもふれたチャールズ・テイラーによれば、『宗教的経験の諸相』でジェイムズが展開する分析の優れた点は、それが「病める魂」という気質をもった個人の性格をめぐる考察を越えて、いわば時代の根本的あり方をめぐる洞察としての射程を有している点に求めることができる。そして、同じくテイラーによれば、いわば「時代精神の存在論」としても位置づけることのできるジェイムズの記述が有する最大の特徴は、近現代に特有の経験としての「憂鬱」や「倦怠《けんたい》」といった現象を、「自分一人だけでなく、その時代に暮らす人びとのすべてを不可避的に巻き込む」根本的な構造をもつ事態として規定している点にみてとることができる。次に、テイラーの述べるこの言葉の意味について考えてみることにしよう。

容易に想像されるところであるが、「病める魂」の深い洞察力が見通す「わたしたちの足下にある底知れぬ深遠」をめぐるジェイムズの考察は、わたしたちがここまでにみてきた「意味の喪失」や「虚無」の問題と重ね合わせて理解することが可能なものである。憂鬱な魂には、ものごとがあたかも雲を通してみられるかのように、非現実的で遠く隔絶され、よそよそしいもののように経験される。あるいは、トルストイが言うように、「人生にはなんらかの意味があるという感じが、しばらくの間まったく失われてしまう」。これが、ジェイムズにおける病める魂の経験する不吉な世界のあり方の実相である。

さて、ジェイムズのこの記述を受けてテイラーはこう述べる。たしかに、一部の個人だけが限定的に被るタイプの「意味の喪失」という現象は、それ自体として真剣な考慮に値する重要な問題である。自分たちの生の意味を支える枠組みは揺らぐことなく存在しているのに、自分だけがその枠組みから排除され、その内部に帰属することを許されなくなる、という経験。あこがれに思い、誇りのよりどころとしていたなんらかの集団から自分だけが拒絶され、追放されてしまった、という挫折。スポーツで選抜チームのセレクションから自分だけが落ちる。地元の中学校から同級生たちが進学したエリート校の入試に自分だけが失敗する。その他なんであれ、世の中の連中がみな「意味の楽園」の住人であり続けている一方で、自分だけが枠組みの外部へと振り落とされ、「意味の一般的な饗宴」に列席することを許されなくなってしまう。そういった挫折や喪失の感覚に由来する憂鬱の姿は、疑いなく、人類が遠い昔から経験してきたむしろ「おなじみ」とすら感じられてしまう種類の事態である。

しかし、とテイラーは続ける。「近現代世界の精神的な要求にかんするジェイムズの並外れた洞察」は、意味の喪失をめぐる事態が一部の人間だけに経験されるレベルよりもはるかに深刻であることを教えている。テイラーによれば、現代に特有のあり方をした憂鬱を対象とする議論が検討するべきは、「意味という最後の幻想が崩壊する最終的な幕開けの予感としての憂鬱」なのである。歴史を振り返れば、人類がかつて所有していた意味の基盤の中からどれほど多くのものを喪失ないし放棄してきたかがよく分かるだろう。神による最終的な生の救済、時代の進歩と共に人間性はさらなる高みへ昇りつめるであろう、という期待。その他、人類の存立を支えてきた数多くの希望が音を立てて崩壊するさまをわたしたちは目撃してきた。人類の道徳性が向上すれば、諸国家／諸民族は戦争という野蛮な振る舞いに別れを告げるだろう。労働者の地位が向上すれば経済格差は解消され、だれでもが豊かな生活を約束される未来がやってくるだろう。技術の限りない進歩とともに、病気や貧困に苦しむ人間が地上から姿を消す日がやってくるだろう……。これらすべての期待と希望が、わたしたちの願いとは裏腹に裏切られ続けてきたことは、注意深く歴史の流れを観察するものであればだれもが受け入れざるをえない真実であるように思われる。

そして、とテイラーは続ける。最後に「意味」が崩壊する。わたしたち人類が、この地上にこうして存在していることには確たる根拠が、価値が、「なんのために」に答える理由が存在するはずだ。わたしたちがみずからの生存を依拠させてきたその「意味の砦」が跡形もなく崩れさる。あなたがそこに立ち、わたしと会話していることも、技術が進歩してエネルギー効率の優れた発電システムが開発されることも、大きな自然災害にでくわして幾千幾万もの命が失われることも、いっさいのものには意味などないのだ。すべての意味は決定的な仕方で不在なのだ。ジェイムズの病める魂は、その残酷な真実をむき出しの仕方で明るみに出し、わたしたち全員の眼前に突きつける。テイラーの言葉を引いておこう。

> 意味の一般的な饗宴から自分だけが追放されるのと、すべての意味が内部崩壊の危機に瀕するのとでは、どちらの形の憂鬱がより苦痛に満ちたものか、と問うことも可能であろう。しかし、どちらがより重大な意味をもつかは疑問の余地がない。前者の苦しみはわたしー人を傷つけるだけだが、後者の苦しみはすべての人と物を傷つけるのである。
>
> （『今日の宗教の諸相』）

3　激しき堕落の魂

† 脱出口を求めて

相変わらず、出口なしの話が続いている。そろそろ、反撃ののろしを上げてもいい頃合いではないだろうか。意味の崩壊だとか虚無だとか倦怠だとか、いい加減うんざりだ。その「憂鬱」とやらが突きつける無意味との戦いに勝利する道について、そろそろなんらかの前向きな可能性を考えてみてよいのではないか。さすがに、わたしもそんな風に感じはじめてきた。先のみえないトンネルを抜け出して、もう一度ごまかしのない仕方で「生きて在る」ことの意味を明確に語りだすことのできる地平への移行を試みてみることはできないのか――。この、わたしが考えてみたいと思っている最大の課題については、この章に続く第Ⅱ部でようやく本格的な検討が始められることになる。

そして、後半部におけるわたしなりの反撃を開始するに先立って、以下では、そのステップを始める上での助走となる下準備ないし地ならしを行なっておくことにしたい。ただし、過度な期待を抱かれることのないようあらかじめ断っておきたいのだが、以下に登場するのは窮地にあるわたしたちを颯爽《さっそう》と救出してくれるスマートな英雄たちではなく、ジェイムズの分類に従えば間違いなく「病んだ魂」に分類されるであろう人物たちである。

幸福感に満ちあふれ、充実したすこやかな毎日とは縁遠いところで見苦しいまでに無様な姿をさらし、「そんなことばかりしてたら胃腸を壊しますよ」と心配したくなるような人びと。あるいは、どれほど頑張っても「ささやかな幸福」すら実現されそうにない状況の中で戦いを続け、「もういいじゃないか。そこまでして苦しむ必要はないだろう。あきらめて、安逸な生の中に逃げ込んでしまえばいいじゃないか」。そう助言したくなるような人びと。彼らがみずからの生涯を通じてわたしたちに示してくれる、ある意味あまりにも激烈で古風な生きざまは、ひょっとすると、そのような苦痛と苦悩に満ちた生とは縁遠いところで暮らすわたしたちの目には「しょせんは他人事」という印象を与えるものであるかもしれない。ただし、彼らの名誉のため、そして、以下に続くいくつかの節を読み飛ばされることのないよう一言つけたしておくなら、彼らは、おしまいの人間たちの実現するささやかな幸福とは最も遠い場所にありながら、勇気をもって「意味の喪失」に立ち向かい、安全で快適なだけの暮らしからの脱却を試みた、まぎれもなく「ほんもの」の〈英雄〉たちである。

とりあえず、それ以上のくだくだしい注釈は抜きにして、そういった〈英雄〉たちの生涯が伝える「ほんもの」の姿をみておくことにしよう。

† ボードレールの解放

最初の登場人物は、十九世紀フランスの詩人、シャルル・ボードレール。詩集『悪の華』や『パリの憂鬱』で知られ、後世に与えた影響の大きさから「フランス近代詩の父」とも呼ばれる人だ。ただし、その詩人としての名声とは裏腹に、ボードレールその人がたどった人生の経歴は、みじめというか、悲惨というか、思わず目を背けたくなるようなものであった。賭事、酒、アヘン、借金に女性がらみのトラブル。詳細は差し控えるが、公序良俗を重んじる市民の目からすれば、放蕩、堕落、退廃、なんであれ世間通常の「最低」という意味で「あいつはもうおしまいだ」と言われてしかるべき人間である。では、なぜ、そのような「最低の」人間に注目するのか。ここでも、ふたたびエリオットに登場してもらうことにしよう。以下に引用するのは、ボードレールの生が決して「うつろなる剥製」ではないことを論じたエリオットからの一節である。

われわれが人間である限り、われわれがすることは善であるか、悪であるか、そのどっちかでなければならない。われわれは善、悪をなす以上、人間なのである。そして逆説的に言えば、われわれは何もしないよりも、悪いことをした方がいいので、少なくともわれわれはそうすることによって人間として存在していることになる。人間の栄光は、救われることにあるということに間違いはないが、地獄に行けることが人間の栄光であるということも同じく本当である。政治家からこそ泥にいたるまで、われわれが知っている悪人について言える一番ひどいことは、彼らが地獄に行くことさえもできない情けない連中だということなので、ボードレールには地獄に行けるだけのものがあった。……彼は他の人間との交渉では汚辱に満ちた生活をしながら、フランスの政治家やパリの新聞の編集長には望めない、地獄に行けるというこの使命に支えられてその一生を終わったのである。

（「ボオドレエル」）

エリオットの言う「フランスの政治家」や「パリの編集長」がどのような存在として考えられているかは明らかだろう。上にはへつらい、下には横柄、賄賂をとっては豪邸を建て、トラの威の権力を笠に着ては無理難題をごりおしする。悪事をなすくせに、地獄に行くことさえできないにせものの干からびた剥製の悪人たち。無論、表面的にみればボードレールだって大差はないだろう。彼もまた、連中と同じ「ろくでなし」という土俵の上に立ち、前者の腐敗ぶりと選ぶところのない堕落ぶりをみっともなくさらけだしているだけのようにみえる。

では、両者を区別する決定的な違いはなにか。それは、おそらく、みずからの投げ込まれた虚無に対する自覚の有無に関わるものである。前者が、世間を出し抜き、小さな悪をなす自分を優れたもの、小さな夜のよろこびを作り出す者として誇りにさえ思っているであろうのに対して、ボードレールの憂鬱は、意味の消えた世界を正面からみすえる。前者が、すこやかな悪を通じたおめでたい自己陶酔の眠りの中にあるのに対して、ちっぽけな悪をなして小金を貯めたところで無駄だ、なんにもなりはしない、ということがボードレールには身に染みて分かっている。彼の生を支配しているのは倦怠という名の怪物であり、この世における生の充足も、来世における救済も望むことのない状況の中、ボードレールにできるのはただ「煙管をくゆらせながら断頭台の夢をみる」ことにすぎない。しかし、そのような「なんのために」に対する答えの一切が放棄された世界のただなかにあってなお、ボードレールはあえて積極的に悪をなす。そして、その一点においてこそ、わたしたちがボードレールの悪を取り上げ、真剣な考察の対象とする理由は存しているのである。

自分はろくでなし以外のなにものでもない。その現実を一点のごまかしもなく直視すればこそ痛切に感じられることがあるだろう。「われながら最低だな」としか感じられない人生に充実感なり意味なんて見出せるはずもない。なぜ生まれてきたのか。自分はなぜこんなことをやっているのか。こんなことをやっていてなんになるのか。考えたところで答えなど絶対にみつからないことだけが全身をつらぬく確信として分かる。だから、ボードレールは、みずからの投げ込まれた虚無を、みずからの生を蝕む倦怠の姿をこう歌う。昔は喧嘩の好きだった、今は陰気な精神よ、かつてお前の生を昂揚させた恋愛も喇叭《らっぱ》の音も、もはやその色合いを失った。疲れ果て、自堕落な眠りをむさぼる敗残の精神よ、わたしがお前に向かって与えることができるのはただ次の言葉だけだ。「もう諦めろ、わが心よ。けだものの眠りを眠れ――」。ボードレールの生涯を理解するには、エリオットのうつろなる人間の純然たる結晶、という言葉をもってするのが適切であるかもしれない。

しかし、その無意味との徹底的なつきあいの先、文字通りのどん底で、ボードレールの逆転、逆説的な生の解放が生じる。エリオットが指摘する通り、空虚より悪でもあったほうがましだろう、そういった仕方での生の解放である。「存在の感覚」や「意味」の喪失された世界に投げ出されてあることに伴う憂鬱や倦怠との戦い。その極限においてボードレールがなした「悪を通じた逆説的な生の解放」の姿を一つ引いておこう。

女房が死んで、俺は自由だ。
だから　お酒も飲み放題だ。
一文なしで　帰って来ると、

むかしは女房の雷が骨身に沁みたが。
王様と同じくらいに　今は幸福だ。
空気は澄んで、大空　晴れて……

俺が　あいつに惚れたのも
思へば　こんな夏だった。……

あいつを、実は、井戸の底に　俺は
投込み、その上へ　井筒になった
側石を　残らず落した。
——出来れば　忘れてしまひたい。……

——今ここに　俺は自由で孤独になった。
今夜は　俺は酔ひつぶれよう。
さうなれば、何の恐れも悔いもなく、
俺は　地面に　寝ころぶだらう、

野良犬のやうに、眠るだらう。……
（『悪の華』）

これが、悪を通じた憂鬱からの解放を実現したボードレールの「自由」だ。暗いもの、苦しいものから逃亡するのではなく、それらとあえて正面から対決するところに達成される、「にせもの」ではなく「ほんもの」の解放の姿だ。先にみた通り、「ほんもの」とは芸術作品の真贋を言うときに使われる言葉であった。たとえば、真作のピカソ、真作のゴヤ。しかし、語源的にみるならば、「ほんものauthentic」とはもともとギリシア語で「加害者」、「殺人者」、さらには「自殺者」のことを意味する言葉（authentes）であったという。だとすれば、ボードレールの生は、まぎれもなくほんものである。それも、加害者、殺人者や自殺者というその不吉な語義にあまりにも忠実な仕方で。

† それなら空虚の中でまどろんでおけばいいじゃないか

このように、逆説的な意味における〈ほんもの〉であることを通じて、すなわち、暗いものや陰鬱なものとあえて正面から向き合うことを通じて、ボードレールにおける倦怠からの解放ないし「明確な存在のエッジ」（野島秀勝）の砥《と》ぎ直しは達成される。そして、先に引用したエリオットの言葉に従うならば、わたしたちがボードレールの逆説的な栄光の意味を真剣に考慮するべきはまさしくこの地点においてのことなのである。自分自身、地獄に行けるだけの才能をもちあわせていない人間であるせいだろうか、わたしはついこんな風に考えてしまう。わたしならただ逃避し、偽りの安楽の中へ逃げ込んでは「これでいいのだ」とつぶやくほかになにもできない苦境の中で、ボードレールは、世の掟と戦い、苦しみのどん底へとあえてみずからを突き落とす。そして、このことは、ボードレールの病める魂が、わたしたちの中途半端にすこやかな暮らしには実現することのできない生の次元にまで到達していることを示しているのではないか。ボードレールのようにとことんまで苦しむことができる、地獄に行けるだけの力をもつ、ということは、それ自体が一つのかけがえない「才能」なのではないか。そして、その限りにおいて、わたしたちのボードレールに対する態度は、軽蔑や嫌悪ではなく、学ぶべきなにかを教えてくれる〈英雄〉に対する尊敬の念を基調とするものでなければならないのではないか。この点について、エリオットもまたこんな言葉を残している。

彼には大きな力があったが、それは苦しむためだけの力だった。彼は苦しまなくてはいられなくて、また苦しみを超越することもできなかったから、それで彼は苦しみを自分の方に引き寄せた。

（『ボオドレエル』）

もっとも、「苦しむことの力がどうの」と言ったところで、「死と破壊の狂気なしには実現されえないほんものの生」が忌み嫌われ、世の中から抹殺される運命にある、という当然の事実に変わりはないだろう。そして、それがボードレールの教訓であるとすれば、わたしたちがボードレールの陰鬱な生涯から学ぶべきは、「悲しいかな、わたしにはその道は開かれていないようだ」という消極的なものでしかありえないのかもしれない。悪を通じたほんものの生の回復と言ったって、世間との戦いやもめごとは必至だろう。周りの人間は、ほんものたちを嫌悪し、迫害を加え、追放しようとするに決まっている。だとすれば、とてもじゃないがついていけない。狂気と紙一重、いや、狂気そのものに陥ってまで憂鬱からの解放を願うくらいなら、空虚の中でまどろんでいたほうがましだ。そんな声が聞こえてくるのも当然だろう。社会に逆らい、悪をなしてまで解放がなされたとして、その先には苦しみと孤独が待っているだけだろう。わたしは人殺しにはなれない。世の中と戦い、勝ち目のない苦しみの底に沈んでまで「自分がまぎれもなく生きていること」を確かめたいとは思わない——。きわめて真っ当な反応であると思う。

しかし、繰り返しになるが、そのことから「ボードレールが提案するのは世の中に順応することのできない敗者のたわごとである。ただ冷笑して無視を決め込んでいればそれでよい」という結論が即座に導かれるわけではないはずだ、ともわたしは強く思う。そのような結論を背後で支えている「おしまいの人間たち」の論理、すなわち、自分が真っ当で安全な側に属する「強者」であることにどっぷりと浸りきり、みずからに降りかかる苦悩はこれを徹底して遠ざけ、のみならず、苦悩のただなかになにかを求めようとする人びとを身の回りから「招かれざる下等の輩」として排除さえしようとする態度。そこに、どこか割り切れない違和感というか、なにか根本的な問題が潜んでいるような気がしてしょうがないのだ。

ボードレールの不様なまでに堕落へと突き進む生涯は、それ自体が真剣に向き合い、考慮すべき問題を提起しているのではないか。悪をなせ、というわけではないが、そのことは、苦しみや悲しみから身を避けて、目の届かないところへ追放し、安全地帯で安穏と眠りにつく自分を無条件に肯定してよい、という「逃げ」の判断とは別物ではないのか。暗いものを遠ざける、苦悩なしの生を求める心。すこやかな心が求める生存の形態をあえて反転させ、病める魂が直面する世界のあり方を愚直なまでに正面からみすえてみることで、はじめて明らかになることがある。そんな可能性を考慮してみる必要があるのではないか。

4 意味への意志
――あえて苦悩の道を選ぶということ――

† スープ一杯にも値しない人間の生

第四章の締めくくりに、オーストリア生まれの精神科医、ヴィクトール・フランクルのことを取り上げておきたい。よく知られている通り、ナチス・ドイツによるホロコーストを経験し、あの悪夢のような現実がいったいなんであったのか、詳細に伝えるドキュメントを残してくれた人だ。フランクルの伝える数多くの文章は、その一つひとつが、前節の最後で立てた問い――情け容赦のない現実を正面からみすえ、あえて手加減なしの現実と対決することにも意味はあるのではないか、という問い――に明確な答えを与えてくれるものだ。そして、その上で、ボードレールのなす「悪」とは違ったところで、「生きることに意味などない」という事実を残虐な仕方で突きつけられ、それでもなお「苦しむこと」そのことの意味を真摯《しんし》に問いぬいた「ほんもの」の人間の姿をわたしたちに伝えてくれるものだ。まずは、フランクルが潜りぬけた強制収容所における文字通りの地獄について、フランクル自身の説明するところを聞こう。

フランクルの報告によれば、強制収容所に入れられた囚人たちについて、その管理者たちはこんな風に考える。奴らは実質的に死刑の宣告を受けたも同然であるが、あっさりと殺してしまうのはもったいない。だから、刑の執行をひとまずは猶予して、人生最後の瞬間まで労働力として役立てることにしよう。本来のところ、「スープをやる値打ちもない」連中ではあるのだが、スープを与えておけば最低限の労働はするだろうから、役に立つだけの体力を維持しているあいだはスープを支給してやることにしよう。では、その生命が一杯のスープにも値しなくなったらどうするか。そのときが処分のしどきである。ただし、囚人一人ひとりの死に一発ずつの銃弾を費やすだけの値打ちはないだろうから、毒ガスのシクロンBを用いて、効率的に殺処分することが望ましい。それが、一番合理的なやり方であるように思われる。これが、フランクルのみた、強制収容所における「新しい野蛮状態」の実情であった。

† それでも、人生にイエスと言おう――苦悩することの意味

スープ一杯分の労働にすら耐えられなくなった収容者たちの生には、銃弾一発ぶんの価値もない。「生産的」でなくなった生命は、すべて、どんなみじめなあり方でも文字通り「生きる価値がない」。そして、フランクルは、そのあまりに過酷な現実を冷静にみすえた上で、わたしたちに向かって静かにこう問いかける。わたしたち人間が、自分たちの生きる意味や価値について語ることなど本当に「可能」なのだろうか。人ひとりの命など「銃弾一発にも値しない」という現実を否応なく突きつけられた後で、それでもなお生の「意味」や「価値」や「尊厳」といった言葉をためらいなしに口にすることができる人間など存在するのだろうか。「生きていることには意味がある」という可能性に反対すること、人生が無価値であることを徹頭徹尾疑いようのない真実であると証明すること。それが、わたしたちの経験してきた歴史の教える嘘いつわりのない真実だったのではないか。

フランクルは、文字通り、「生きる意味」をめぐる言説が片端から説得力を失い、崩壊してしまった地点に身をおいて語っている。そして、フランクルが残したこれら一連の記述を目にするたび、わたしは「絶望的」という言葉を用いることすらはばかられるような気持ちになる。わたしたちの想像力の限界を軽々と突破するほど途方もない現実のすさまじさに、その真実を経験したことのない人間が安易な言葉でその出来事について語ろうとすれば、それ自体がなにか一つの不謹慎な行為となってしまうのではないか。そんな気分にさせられてしまうのである。すくなくとも、文字通り言語を絶するこれほどまでに無残な状況に直面しては、ボードレールのように悪を選びとることによって「生の

あまりの無意味」からの解放を願うことすら不可能であろう。

しかし、驚くべきことに、というか、わたしはなにか「奇跡をみるような」という言い方をしてみたい気がするのだが、そのような一片の慰めや気休めをすら望むことの許されない状況の中でも、フランクルは決して降伏しない。彼は、ボードレールとはまったく違った種類の覚悟を、しかし、まぎれもなくほんものの覚悟をもって人生に立ち向かう。そして、絶望以外になにもみることのできない場所に身をおいた人間であればこそ、欺瞞に陥ることなく生の価値について語ることが「可能」であることをわたしたちに伝えようとする。

フランクルは言う。暖房の効いた快適な部屋で映画を鑑賞する休日、「一生の仕事」と思い定めた目標に向かって一歩一歩前進して行く充実した毎日、玄関の扉を開ければ「お帰り」と家族が出迎えてくれる安らぎに満ちた空間。そういった、やりがいや居心地の良さに満ちた生だけに「意味」や「価値」が認められるのではない。それらの人生だけに「価値のある人生、意味のある人生」としての資格が与えられるのであるとすれば、それらの「生きていてよかった」と感じられる瞬間を全面的に剝奪された被収容者の生に意味を見出すことなど望むべくもないことだろう。しかし、とフランクルは力強く、毅然とした覚悟をもってこう続ける。行動的に生きることや安逸に生きることだけに意味があるのではない。苦しむこともまた生きることの一部であるのなら、運命も死ぬことも生きることの一部なのだろう。そして、およそ生きることそのものに意味があるとすれば、苦しむことにもまた意味が見出されるはずだ——。

かつて、ニーチェがこういう問いを立てた。「わたしたちの精神はどれほどの真実に耐えることができるか。自分自身の人生において、いまわしく、忌棄すべきもの、醜い者、何であれどれほどの真実にあえて立ち向かうことができるか」と。わたしは、フランクルであれば、ニーチェのこの問いに対して次のような答えを返すであろうと思う。収容所の中にある、一筋の光すらみえない地獄のような生。そのような、「自分のありようががんじがらめに制限される」状況のただなかにあってさえ、「どのような覚悟をするか」という人間の究極の内的自由は奪い去られることがない。わが身がどれほど絶望的な事態に巻き込まれようと、「それでもなおわたしが人生を肯定する」自由は決して失われることがない。ニーチェが「運命愛」という名を与えた情熱的な肯定の薦め――世界が突きつけるむき出しの現実に対して、なにかを差し引いたり、選択することなく、すべてをありのままに受け入れ、ただ泰然として「然り」と肯定すること。人間の精神は、ニーチェが「最大の重し」と呼んだこれほどまでに過酷な重荷に耐えることができるのだ。「人間に唯一残された、生きることを意味あるものにする可能性」。それが、限界状況のただなかからわたしたちに向かって差し出されるフランクルのメッセージなのである。

†フロイトの激怒

絶望のただなかにあってなお「意味への意志」を失わないフランクルの姿と合わせて、晩年のフロイトの生涯をめぐって第二章でもふれたライオネル・トリリングが報告するある印象深いエピソードにもふれておこう。永く、苦しい病の晩年（フロイトは、一九二二年、六十六歳のときに口蓋のガンを手術し、それ以後一九三九年に八十三歳で死去するまでに三十三度の手術を受けることになる）フロイトはかかりつけの医師であるシュール博士にアスピリンより強い鎮痛剤を投与することを禁じていた。そして、自分の命令が同情のあまり破られたのを知ったとき、彼は激怒してこう叫んだという。どんな権利があって、善良なシュール博士は患者がみずから選んだ運命との関係によって決定された彼の貴重な存在感――『快楽原則の彼方』中の言葉を借りれば――「自分の思うままに死にたい」という有機体の希求に干渉したのか、と。身体の安楽が与えるあいまいな幸福の中でまどろみ、明晰《めいせき》に考えることができないよりは、苦しみの中で考えたいと思う。苦悩に値しない、重さを喪失した、偽物のあり方をするくらいなら、苦しみの中で重さを抱えながら本当の意味で生きることを選ぶ。自分がたしかにそこにいることを確かめる道を選ぶ。フロイトは、みずからの生きざまをかけて、そのように主張したのである（『誠実とほんもの』）。

生きたまま死んでいる安楽なだけの生。地獄に行くことすらできないちっぽけな悪。偽物の矮小で卑俗な快楽。そこにほんものはない、存在の重さはない、とは第二章でみたところだ。フロイトも同じことを主張している。「わたしが恐れるのはただひとつ、わたしがわたしの苦悩に値しない人間になることだ」。ドストエフスキーならそう述べるところだろう。フロイトにとって、「生きることの意味」とは、黙っていても無条件に与えられる当然の権利や恩恵などではなく、その実現がわたしたちに対する課題として課せられた、逃げだすことの許されない試練なのだ。フロイトは、「生きることの意味」が、みずからの意志の力を通じて勝ち取り、成し遂げられるべきなにものかとして理解されるべきことを――すなわち、それが「与えられた」ものではなく、「課せられた」ものであることを――その身を賭してわたしたちに告げ報せようとするのである。

† ニーチェと「新しい祭り」の道

最後に、話をもう一度ニーチェに差し戻しておくことにしよう。ニーチェには、「神は死んだ」という有名な言葉がある。わたしたちの生を背後で支える意味などというものはない。明るいものも暗いものもひっくるめて、この世に生きるこの生だけだ。神様も――そして道徳も――なにもない。それがニーチェの基本である。苦しみに意味があるのは、苦しみに誠実に耐え抜いた人を神が見守り、お救いくださるからではない。誠実に運命に立ち向かう人の姿が、それ自体において尊く美しいから、というような欺瞞《ぎまん》的な理由によるものでもない。醜いものは醜い。そこには救いも正当化も存在しない。しかし、それにもかかわらず、いや、それだからこそ、ニーチェは最も醜いものでさえわが人生を祝福するべきことを説く。

ニーチェにおいて、苦悩や苦痛は、肯定的価値をもった生の欠如、ないし、避けられるべき陰鬱で不吉な状態として捉えられるべきものではない。ゴミ溜めの中にある不潔でうじ虫が湧くような生にも、すべての人が顔を背け、近づこうとさえしないほど醜悪な生にも、すべてそれ自体において肯定すべき積極的な価値が承認される。「生きていてよかった」と思うことができる瞬間をすべて奪われ、死んでしまったほうがましだとしか思うことのできない生。ニーチェの言う「運命愛」は、そのような苦しみだけの最も過酷な生をすらそのまま丸ごとに愛するべきことを要求する。宗教にも、きれいごとにも助けを求めず、すべてのものごとをあるがままに受け入れ、肯定すること。それが、ニーチェの言う「然り（Ja）への新しい道」なのである。

そして、ニーチェの説くところによれば、それは「同情を捨てよ」という命令を意味する。病の苦しみにあえぐ人、運命の過酷のどん底でのたうちまわる人、どのような人であれ哀れんではならない。ニーチェはそう命令する。どれほど苦痛に満ち、辛い生であろうとも、その生はそれとしてすでに最高の価値を実現しているのだから。そして、その主張を受けて、辛いとき、みじめなとき、心の底から哀しいとき、人生におけるすべての瞬間にこう叫べ、とニーチェは要求する。「これが人生というものであったのか？　わたしは死に向かって言おう。よし、それならもう一度！」と。ニーチェによれば、それこそがおよそ考えうるかぎりで最高の生の肯定の形式である。こうして、ニーチェにおける絶対的な肯定の思想は、一切が重さを喪失するにせものの世界の構造を根底から反転させる。そして、そのことを通じて、どん底にあるものを含めたすべての生がその存在の意義を回復する新しい道が切り開かれることになるのである。

† 身の丈にあった生き方

以上、ボードレール、フランクル、フロイト、ニーチェといった「ほんもの」たちが、苦悩と共にある人生のあり方を教え、薦めるところをみた。とはいえ、だれもがおそらくは気づいている通り、彼らは言わば思想史上の英雄であり、その英雄としての生きざまがわたしたちのだれに対しても開かれてあるものだとは残念ながら言うことができないであろう。わたし自身、それほどの強さをもたない人間であるからこそ骨身にしみてよく分かる。ボードレールのように、「激しき堕落の魂」として生きる道を自分が選択できるとはとうてい思えない。フランクルのように、あまりにも過酷な生の中でなお毅然として現状を肯定する覚悟を示せるか。そう聞かれても正直自信はない。また、フロイトのように、苦痛の中であえて重みある生存の様式を選び取る、という激烈な生き方も自分にはできそうにない。どのように思いをめぐらせてみても、心が折れるか、全面的に逃避するか、自分にできるのはその程度のことであろうとしか思えない。これらの、強者として人生を歩む、力強い意志をもった人びとの生き方は、しょせんはるか昔に消えてなくなった絶滅種たちの物語ではないのか。どこか遠いところの、超人じみた人たちの話ではないのか。本節の議論を振り返ってみて、わたし自身そんな風な感想を抱かざるをえない、というのは偽らざる本音だ。

しかし、「正真正銘のほんもの」という強烈にすぎる生の理想にふれてみたことは、自分たちの身の丈にあった生の形を考えてみる、という課題を遂行する上で決して無駄ではなかったはずだ、ともわたしは思っている。なるほど、「ほんもの」の英雄たちほどごまかしのない仕方で、苦痛や悲惨に対してすら全面的な肯定を与えることはわたしたちには難しいことかもしれない。しかし、それでも、彼らの生きざまを知ったことが、これまでならただ顔を背け、逃げ回るだけであったかもしれないところで、あえて「自分にできるかぎりでごまかしなく人生と向き合ってみよう」と精一杯の覚悟を決めてみるための多少のきっかけを与えてくれる、ということはないだろうか。無理だ、それもしょせんきれいごとのたぐいだ。そう言われるかもしれない。しかし、そんな風な思いを抱かずにいられない人には、いや、そんな風な気持ちをもたずにはいられない人にこそ、できればもうすこし辛抱してここから先の話に耳を傾けてみてもらいたい。

なんにせよ、決して強くはない自分から目を背けず、決してやさしくはない現実から逃げ回ることもせず、自分たちにとって手ごたえのある仕方で「自分がいまここにこうして生きていることの意味」を探りあてようと試みてみること。そのことを通じて、いまとは違った生のあり方が開かれてこないか確かめてみること。それが、後半の課題である。

（1）正確には、これはツァラトゥストラが語りかける民衆たちの姿を示す言葉であるが、ここでいう「小さな喜び」に幸福を見出すおしまいの人間たちの姿を、ツァラトゥストラの言葉を聞く民衆たちと重ね合わせて理解することは十分に可能であろう。

第Ⅱ部　死の意味と生の再生

第五章　空っぽの器を満たしてくれるもの

1　悲しみを遠ざける

†使われなくなった言葉

阿久悠《あくゆう》という作詞家がいる。「誰でも知ってる今の人」とまでは言えないかもしれないが、石川さゆりの「津軽海峡冬景色」とか尾崎紀世彦の「また逢う日まで」とか、どことなく寂しさをたたえた彼の作品を耳にしたことのある人は少なくないと思う。第Ⅱ部での議論を始めるにあたって、まず、その阿久悠が残してくれた次の文章に目を通してみてもらいたい。

果たして今の人たちが、さよならという言葉を使うのだろうかと思うことがある。あまり聞いたこともないし、使っている場面を想像することも出来ない。そうか、「さよなら」は既に死語になったのだと気がつき、ということは、別れを自覚することもなくなり、これは全くもって悲劇だなと、思えてきたのである。

（『ぼくのさよなら史』）

「さよならが消えた。日本人は、さよならと言って別れることをしなくなった」。それが、この文章における阿久の言い分である。この点をめぐる阿久の指摘自体に関しては、「なるほどなあ」と思いあたる人もけっこう多いのではないだろうか。ためしに、毎日の暮らしの中で、人と別れるときになんと言って別れるか、日頃の自分のことを振り返ってみてもらいたい。「それじゃあ、また」、「お疲れさまでした」、「お気をつけて」。別れのあいさつとして使われるのはだいたいがそんな言葉であって、「さようなら」などという古風な言葉を日常的に使う人の姿はちょっと想像しづらいように思う。

しかし、引用の前半、「さよならが死語になった」という部分についてはまあその通りだとして、ではそのことが「全くもって悲劇」である、とはどういうことなのだろうか。最近の若い人は「さよなら」と言わずに「お疲れ」などといって別れるから気の毒だ、と言われても、これだけでは正直なんの話やら理解に苦しむ、としか言えないところだろう。この点について、阿久は上の文章に続けて次のように述べる。

生活の中で、もう少し大仰にいって人生の中で、別れということに無自覚なら、感性をヒリヒリ磨くことも、感傷をジワッとひろげることも、それに耐えることもできない。

人間の心というのは、いつも少し湿りけを帯びていなければならないのに、カラカラに乾かしていては味気ない。心に噴霧器で水分を与えるには、切なさや、哀しさや、寂しさの自覚が不可欠である。……人の心にはさよならによって湿りが加わるのである。

なぜ、さよならを言わなくなったのであろうか。なぜ、別れたことに気がつかないような不思議なことになったのであろうか。

とくに解説の必要はない文章だと思うが、念のため、阿久の言わんとするところを確認しておこう。一つ前の引用とあわせて理解するならば、阿久が語ろうとしているのは「さよならという言葉が使われなくなった」という事態そのものではない。そうではなく、その表面的な変化の裏側で、人間の心が「さよならによって加わる湿り」や「切なさや寂しさの自覚が与える水分」を失い、「カラカラに乾いた味気ない」ものになってしまったのではないか、ということ。そのことに、阿久の懸念は向けられている。なるほど、たしかに、「心にしみ入るような切なさや悲しみの経験に彩られ、陰影に富んだ時間のもとに歩み抜かれる人生と、楽しくはあるのかもしれないが、味気なく乾燥した砂漠のような毎日がただ平坦に過ぎ行くだけの人生と。そのいずれに魅力を感じるか」と言われれば、多くの人は前者を選ぶのではないかと思われる。そして、そう考えてみるとき、「さようなら」が死語となり、別れを自覚することのなくなった世のありさまを「悲劇」とみなす阿久の考え方にも、それ相応の説得力を認めることができるように思われる。

† いざ、さらば

「さよならによって人の心に加わる湿り」というテーマについて、倫理学者の竹内整一が、上に引用した阿久の文章にも注目しつつ次のようなことを述べている。

「さようなら」とは、もともと「さらば」という古語に由来する言葉である。ここで、「さらば」とは、「さようであるならば」、つまり、「現実が避けようもなくそのようであるならば」の意味。要するに、もはやあなたとはお別れしなければならないのであるならば、その切ない現実を正面から受け止めてみせようではありませんか。たったいま、この場所で、いざお別れしようではありませんか。そのように、覚悟を決めた上でいよいよ発せられる「いざ、もはやどうしようもないのであれば」の思い切りを示す一言。「さようなら」とはもともとがそういう言葉だった、と竹内は言うのである(『日本人はなぜ「さようなら」と別れるのか』)。

卒業式でよく歌われる「仰げば尊し」をみれば、そのあたりの事情がよく分かってもらえるかもしれない。だれもがよく知る歌かとは思うが、いちおう一番の歌詞を引いておこう。

仰げば尊し　我が師の恩

教えの庭にも　はや幾年
思えばいと疾し　この年月
いまこそ別れめ　いざ、さらば

歌ってみると分かるのだが、この曲は最後のいわく言いがたい切なさが盛り上がるところ、つまり、「いまこそ別れめ」の「め」の音が伸びた後、「いざ」と歌い出される直前にほんのすこしの間ができる。「振り返ってみれば、この学校ですごした日々もあっという間でした。でも、いよいよおしまいですね。さあ、別れましょう……」と、卒業式の別れがもたらす寂しさや切なさが最高潮に達したところで、ほんのわずかの沈黙ができる。そして、その刹那にできる空白の中に、別れの当事者たちは心の中でこれまでの思い出や悲しみを整理し、「これで本当にお別れなのだ、明日からもう逢うことはないのだ」という事実をいさぎよく引き受けるべく覚悟を決める。そして、あとは、思い切りをつけてこう言うだけだ。「それでは、さようなら」——。

別れの自覚が、「感傷をじわっと広げ、心に噴霧器で水分を与える」。阿久がそう表現した「さよならによって加わる心の湿り」の在りようが、沈黙の一瞬というかクライマックスのタメによって強調される仕掛けになっているわけだ。

また、同じく竹内によれば、「さようであるならば」という意味をもつ別れの言葉というのは、日本語に特有の表現らしい。“Good-Bye”は“God be with you”。「神様があなたのそばにおられますように」。「アディオス adios」とか「アデュー adieu」というのも同系列。フランス語の“au revoir”は中国語でいえば「再見」、ドイツ語なら“Auf Wiedersehen”。つまり、「また会う日まで」。たしかに、日本語以外の言語にみられる別れの表現は、みな、明日の再会や神と共にある平安を表面に浮上させることで、「さようなら」をわが身から遠ざけるというか、今日の別れから目をそらそうとする傾向をもった言葉であるように思われる。Good-Bye や再見といった表現が、みな片端から別離の寂しさを遠ざけ、その悲しみを癒す方向へと向かう心のありさまを前面に押し出し、強調する一方で、「さようなら」の一言だけは別れの事実を正面からみつめ、受け止めるいさぎよい覚悟を示している。そういう言い方ができるかもしれない。

†「さようなら」を拒絶する

「さようなら」という言葉のもつ以上のような特性について、もうすこし掘り下げて考察しておこう。以下に取り上げるのは、解剖学者の養老孟司が、幼い日に父を亡くしたときの思い出について語ったあるエピソードである。

少年時代、養老は、人にあいさつをすることのできない子どもだったそうだ。そして、長いあいだ、自分でもその理由が分からずにいたのだが、ある日、地下鉄に乗っているときにふと気がついたのだと言う。「自分は、四歳のときに父親を亡くした。そして、そのとき、いまわの際にある父に「さようなら」を言いなさい、と母がわたしに告げたのだが、父の死を受け入れたくない幼い日の自分には母のその言葉を聞き入れることがどうしてもできなかった。結局、わたしは、父が息を引き取るまでだまって立ち尽くすことしかできず、そんなわたしににっこりと微笑んで父は息を引き取った。小さかったころの自分があいさつを苦手にしていたのは、父の死をめぐる記憶が心のなかにずっと引っかかっていたからではないのだろうか。意地でも父の死を認めたくない、認められないからさよならと言えない。その気持ちがずっと心の中にくすぶっていたことが原因で、自分は長いあいだ人にあいさつをすることができなかったのではないだろうか」。大略、養老はそのように述べている。

これも、同じく竹内の本に教えられたのだが、「さようなら」を受け入れることに伴う「悲しみ」ないし「かなし」という感情は、もともと「〜しかねる」という意味をもつ言葉に由来するものだそうである。何事かをなそうとして力及ばない、もう自分の力ではどうすることもできない。「かなし」とは、そんなときに感じられる切なさを指す言葉なのだそうである。大切な人を失ったとき、努力及ばず、刀は折れ矢も尽き、「もはやこれまで」と手の打ちようがなくなったとき、人はおのれの無力を眼前に突きつけられ、悲しい気持ちになる（『「悲しみ」の哲学』）。

世の中は辛く、苦しいことだらけ。それはよく分かっている。ときどき、悪い夢をみているだけなんじゃないか、いつか目が覚めて、世界はそれほど悪くないと分かる日がくるんじゃないか。そんな期待をしては、自分の生きる現実が夢などではなかったことに気がつく。たとえば、「死刑囚が楽しい夢をみてふと目覚めた瞬間の悲しさ」（中島義道）。あるいは、なにもかもが行き詰まり、手の打ちようもなく、そのままやけくそで酔いつぶれては翌朝目が覚めたときの、「やっぱり、夢じゃなかった」という気持ち。そんなときに感じられるどうしようもなさ、己の力の及ばなさの自覚。それが、悲しみの本質なのだという。「世の中は空しきものと知る時しいよよますます悲しかりけり」（大伴旅人）。万葉集にはそんな歌があった。

こんな言い方をすることができるかもしれない。「さようなら」の一言を発することとは、すなわち悲しみを肯定するということであり、それはまたおのれの力不足を率直に受け入れるということでもある、と。そして、そうだとするならば、「さようなら」の一言をいさぎよく発すること、すなわち、「もう、どうにもならないのだ」とつぶやいて、ありのままの現実を丸ごとすべて受け入れるということは、たしかに困難なことであろう。最愛の父の死に際して、「さようなら、お父さん」の一言が言えなかった子ども時代を振り返る養老の告白は、その間の事情を痛いほど示してあまりあるエピソードであるように思われる。自分の力の及ばなさ、父親をなくさなければならない現実のどうしようもなさを受け入れたくない。だから、「さようなら」とは意地でも言わない――。

こんな風に話を進めてくるとき、わたしには、養老の語る少年時代の悲しいエピソードが、たんなる一個人の経験と記憶を越えて、なんだか自分たちの暮らす時代そのもののあり方を暗示する話であるかのようにも思われてくる。たとえば、電車に乗ったらおなじみのあの風景。「じゃあ、またね。お疲れさん」。そう言葉をかけあってわずか五分後には、みんなが下を向いて携帯の画面を眺める。「いまどこ?」「改札出て自転車取りにいってるところ」「じゃ、家ついたらまたメールするね……」

「自分たちは大丈夫。いつまでもさよならと遠いところで暮らして行ける」。そう自分に思い込ませて毎日を過ごそうとするいまのわたしたちの姿が、かたくなに「さようなら」を拒絶する養老少年の姿とどこか重なってみえてくるところはないだろうか。

「いざ、さらば」なんて大仰な。また会えるもんね。本当に「さようなら」なんて言わなくちゃいけない大変なときは、自分たちにはまだやってくるはずがないから。明日も、今日と同じような一日が続いていくに決まっているから。そうやって、みんな無意識のうちにさようならを避けている。そして、「わたしたちは大丈夫。ずっとつながっていられるから」、互いにそう確認しあうメッセージの裏側に、いつかかならずやってくるはずの別れをはじめ、「自分が自分の無力さに直面せざるを得なくなるとき」に対する漠然とした怖れや不安を封じ込める。なんだか、迫りくる死の事実を遠ざけ、まぼろしの安心に必死でしがみつこうとしているダチョウたちの姿にもう一度再会しているような気分だ。

養老少年が父の死を受け入れるには、たしかに時間が必要だった。しかし、大人になり、地下鉄の中でふと「自分があいさつの苦手な子どもだったことの理由」に気がついた養老は、止めどなくあふれる涙のただなかで「父の死をはじめて受け入れることができた」のだという。つまり、はじめて父に「さよなら」を言うことができたのだという。わたしたちは、大人になり、父親の死を受け入れることができた養老のように、本当の意味で「さようなら」を言うことができるだろうか。どうしようもない現実の悲しさをごまかすことなくみつめ、「さようであるならば、いざ」と世界の在りようを丸ごとに受け止め、わが身に引き受けるだけの覚悟を示すことができるだろうか。

2 西田幾多郎の悲哀

† 自分の姿を鏡に映す

怒り、喜び、悲しみ。なんであれ、一時の感情に流されてよからぬことをしでかしたとき、わたしたちはよく「軽率なことをして。反省しなさい」と周りの人間にたしなめられる。こんなときに使う「反省」という言葉は、英語でいうと「リフレクション reflection」。鏡に映すという行為とか、鏡に映った姿のことを意味する言葉だ。「あのとき、怒りにまかせてあんなひどい言い方さえしていなければ」、「もうすこし注意して運転しさえしていれば」など、わたしたちは叱責の対象となる行為をしでかしたかつての自分の姿を、心の中の鏡に映し出し、反省する。

また、反省という言葉には、「頭を冷やして考えてみなさい」とか「後悔してます」とか、なにか「道徳的によくないこと」を指し示す用法だけでなく、一般に、反省の対象となるその都度の感情や考えから一歩下がって距離をとり、その在りようをなにか他人事のように冷静な眼で観察する、という意味での使われ方がある。いま、自分はなにを考えているのか。怒っているのか。悲しんでいるのか。怒っているのであるとすれば、なぜ自分は怒っているのか。人生のさまざまな局面で、わたしたちは、自分の心がいまどのような状態にあるのか、そのありさまを心という鏡に映し出し、「反省する reflect」。つまり、自分の思考や感情を鏡に映しては、その一時的な心の在りようから距離をとり、冷静な、第三者的な目線からみずからの心の状態を見定める。

そして、このような意味での反省が行なわれるとき、反省の鏡に映った当の感情は、その濃度を、鮮烈さを――たとえば、怒りのただなかで沸騰していたあの煮えたぎるような「ほんもの」としての生気を――喪失する。

宴会の真っ最中。ひとしきり盛り上がったところで席を立ち、トイレに向かう。ふと、鏡が目に入る。その瞬間、鏡に映った自分の馬鹿面をみては「なにやってんだ、おれ」と自戒の念が湧き上がる。つまり、自分自身の姿を冷静な思考、熟慮の対象とすることによってわれに返る。有頂天になるな、調子に乗るな、なにやってんだお前は……。その瞬間、「鏡に映った酔っぱらいのわたし」の自覚とともに、酔いが、興奮が、潮が引くようにサーっと引いていく。感情が、実感が、一瞬のうちにして生気をなくす。自分を鏡に映す、とは、そういう経験だろう。

われ知らず、思わず声を荒げてしまったあのとき、腹の底から湧き上がっていたマグマのような怒りは、いつのまにか熱気を失って冷えた溶岩のようになり、手の平の上で転がしては「なぜあそこまで激烈な怒りをみせたのか」と思わず苦笑できてしまうほど穏やかな観察の対象となる。子どものころ、母親に欲しかったおやつを買ってもらえず、大勢の人がみつめる中で地面に転がっては大声で泣き叫んだときの深い悲しみは、あいまいな記憶のかなたにぼんやりと浮かぶただの一風景となりはてる。ほんものだった感情は、鏡の中に映し出されることによって、もとあったときの映しないしは写し、すなわちオリジナルのもつ生気や重みを失ったたんなるコピーになりさがる、ということなのだろう。

†悲しみが身にしみるとき

個人的な話になるが、わたしは喜ぶことが苦手だ。喜びで有頂天になろうとするその瞬間、頭のどこかでもう一人の自分の声がする。調子に乗っていてはいけない。そんなにうまいことが長続きするはずはないだろう。楽しいことの次は辛いことだよ。備えておけ！　一歩身を引き、身構えろ、心の準備をしろ。浮かれ気分で舞い上がっている自分から身を引き剥がし、反省しなければならない。自分で、自分に、そう命じる。そうして、有頂天にある自分は鏡の中へと追放され、後には血の気を失った操り人形のようなわたしが残る。表情はそれなりに器用な笑いを浮かべているのだろうと思う。だけれど、その裏側に心の底から躍動し、喜びにふるえる身体があるかといえば、ない。怒りの場面でも同じだ。怒りのただなかにあってさえ、「怒ったところでどうにもならんだろうな、なにも変わらないんだろうな。いや、悪いのは自分かもしれんのだよな」。そんな言葉が頭のどこかで鳴り響いては、「まあ、やめとけ」と自分に告げる。「汝心の底より立腹せば、怒れよ！」(中原中也)。そういわれても、心の底から怒ることすらできないのだ。そういう言い方ができるかもしれない。

「感情に流されていてはいけない、自分をしっかりもて！　つまり、今の自分がどうなっているか、鏡に映して確認せよ！　そして、自己に対するコントロールを取り戻せ！」　そういう声が、心のどこかで警報のように鳴り響き、落ち着いた自分を回復させるメカニズムが働いているのだろう。都合のいい言い方をすれば、「我を忘れることなく、自制する力をもった人物」という評価が可能なところかもしれない。しかし、実情はどうか。先に述べた通り、人間が、己の姿を鏡に映し、自分のありさまを他人事のように観察し、また落ち着いた状態に戻っては世間へと復帰していくところに「自制」という美徳ができあがるのであるとするならば、それはその人物の生涯が鏡に映ったにせものだけを相手に営まれている、というも同然だろう。そして、ほんものの生気を失い、ひからびた剥製の人間として生きることが、「反省」することを知り、激情を制御しつつ安定した相のもとに世の中を渡る成熟した大人であることを意味するのであるとするならば、良識ある立派な大人として毎日を過ごすことは存外つまらないものだ、ということになるのかもしれない。

しかし、自分でも不思議な気がするのだが、わたしは悲しみの感情に関してはそれと正反対の心の動きを経験する。喜びの場合などと違って、「悲しいときくらい悲しんだらいいじゃないか。いや、むしろ、悲しめるうちにとことんまで悲しんでおけ」。そんな声が聞こえてくるのだ。「くよくよしたってしょうがないだろう、上を向いて歩こう」。「十年たてばなにもかもいい思い出だよ」。「もっといいことあるさ、元気出して！」　こういった言葉で、悲しみの中にある自分を納得させようとしても、それがわたしには難しい。

無論、悲しみから身を引き離すことが難しい、などと言っても、それはあくまでわたし個人の体験に基づいた偶然的な話にすぎないのであって、その種の限定的な情報に依拠してなにか一般性のある議論を組み立てられるわけではないだろう。しかし、たとえ個人的な経験とはいえ、「悲しみ」の感情に対してだけ自分の心が屈折した動きをみせることに引っかかりを感じていたせいだろうか、哲学者、西田幾多郎《にしだきたろう》が書いた次のような文章に出会ったとき、わたしには、西田の言おうとするところがなんだかすとんと腑《ふ》に落ちて理解できる気がした。

ドストエフスキーが愛児を失った時、また子供ができるだろうといって慰めた人があった。氏はこれに答えて"How can I love another child? What I want is Sonia."といったということがある。親の愛は実に純粋である、その間一毫も利害得失の念を挟む余地はない。ただ亡児の俤を思い出ずるにつれて、無限に懐かしく、可愛そうで、どうにかして生きていてくれればよかったと思うのみである。若きも老いたるも死ぬるは人生の常である。死んだのは我子ばかりでないと思えば、理においては少しも悲しむべき所はない。しかし人生の常事であっても、悲しいことは悲しい、飢渇は人間の自然であっても、飢渇は飢渇である。人は死んだ者はいかにいっても還らぬから、諦めよ、忘れよという。しかしこれが親にとっては堪え難き苦痛である。……何とかして忘れたくない、何か記念を残してやりたい、せめて我一生だけは思い出してやりたいというのが親の誠である。……他の心の疵や、苦みはこれを忘れ、これを治せんことを欲するが、独り死別という心の疵は人目をさけてもこれを温め、これを抱かんことを欲するというような語があった……。折にふれ物に感じて思い出すのが、せめてもの慰藉である、死者に対しての心づくしである。この悲は苦痛といえば誠に苦痛であろう、しかし親はこの苦痛の去ることを欲せぬのである。

（『思索と体験』）

当時三十七歳――実を言うと、いまのわたしとちょうど同じ年齢だ――の西田は、明治四十年一月、六歳で次女幽子を、同年六月には生まれたばかりの五女愛子をも相次いで失っている。そして、そのような失意の底としか呼びようのない状態の中、自分に先立ち、もはやどこにもいなくなった娘たちを偲《しの》びつつ、自分と同様幼くして子どもを亡くした同郷の友人、藤岡東圃《ふじおかとうほ》にあてて書き綴られたのがこの一文である。書きつけられた言葉の一つひとつが胸を打ち、読後に深い印象を残さずにおかない真率《しんそつ》さに満ちた文章であるが、その中でも、とくに、一読するものの心に消え難い感銘を与えるのは、亡き子を思い遣る西田の悲しみが一切の慰めや気休めも届くことのない「心の深き底」に息づいている点であろう。

愛児を亡くし、悲嘆にくれるものに向かって周りの人びとはこう告げる。子どもならまたできる。もう忘れなさい。人間はだれもみないずれ死んでしまうものなのだし、いくら悲しんだからといって、死んだ子が帰ってくるわけではないのだから……。たしかに、おそらくは食事も取らず、夜もろくに眠れていないであろう自分のことを思い、「それが人生の条理なのだから」と諭すように慰めてくれる人びとの心遣いが理解できないはずはないだろう。彼ら／彼女らの言うところに従い、過去の辛い出来事をあきらめ、忘れ、未来へと向けて踏ん切りをつけることができれば、それがどれほどの救いになるかは骨身にしみて理解できる。自分でも、穏やかで温かな気持ちをもう一度取り戻すことができれば、それが自分の心にどれほどの平安を与えてくれることか、予想するくらいのことはできる。

しかし、それでもなお、逝き去ったわが子の面影を思い、せめて自分だけでもこの子が生きたという事実をこの世に刻み留めてやりたい。そう願う親の真情は、忘却という道を通じてわが子との思い出が薄められることを望まない。別れを遠ざけ、眼の届かないところへと追いやって、平穏な気持ちで過ごすことのできる毎日を取り戻すことではなく、あえて悲しみのもとに留まり、苦痛と共に呻吟《しんぎん》しながら生きる道を選び取る。世間の人がみなこの子のことを忘れても、自分だけはその記憶を心の中に留め続けよう。この子がこの世に生きたのだ、という証を、わが身を切り裂くこの喪失の痛みと共に地上に刻みつけ、いつまでも消えることのないよう守り続けてやろう。上に引いた文章の底に一貫して流れているのは、そのような、一点のごまかしをも混じえることなく「わが子との別れ」を受け止める西田の態度であるように思われる。「さようなら」を決して拒絶せず、それに伴う苦痛をみずからわが身に引きつけ、寂しさの自覚と共にあることを選びとる。そのような、西田の毅然たる態度であるように思われる。

† わが心、深き底あり

「淋しい深い秋の海」のような哲学者、西田幾多郎の言葉を、もうすこし追いかけておこう。

……世の中の幸福という点より見ても、生延びたのが幸であったろうか、死んだのが幸であったろうか、生きていたならば幸であったろうというのは親の欲望である、運命の秘密は我々には分らない。特に高潔なる精神的要求より離れて、単に幸福ということから考えて見たら、凡《すべ》て人生はさほど慕うべきものかどうかも疑問である。一方より見れば、生れて何らの人生の罪悪にも汚れず、何らの人生の悲哀をも知らず、ただ日々嬉戯《きぎ》して、最後に父母の膝を枕として死んでいったと思えば、非常に美くしい感じがする、花束を散らしたような詩的一生であったとも思われる。たとえ多くの人に記憶せられ、惜まれずとも、懐かしかった親が心に刻める深き記念、骨にも徹する痛切なる悲哀は寂しき死をも慰め得て余りあるとも思う。

（『思索と体験』）

この箇所において、西田は、わたしたちが先にみた「生の無意味」をめぐる問題とも通底する地点に身をおいて、「わが子の死」を語っている。しょせん、人生は辛いことや悲しいことの繰り返しかもしれない。幸福で、生きてきてよかった、そう思える瞬間など訪れるものではないのかもしれない。そのような、以前の章でエリオットや鷗外が口をそろえて呈していたのと同種の疑念を、この箇所における西田の論述の中に読み取ることはそれほど難しいことではないだろう。

だから、西田は愛児の死に際してもこう述べている。亡くなった子どもたちが、あの幼さにして命を落とすことさえなかったなら、せめて普通の子どもたちと同じ程度の寿命にまでながらえさえしてくれたなら、ほかの子と変わることなく幸福になったに違いないのに。そう願うのは親の欲望であって、生きながらえた子どもたちの先にどのような人生が待ち受けているのか、運命の秘密はわたしたちには分からないことではないのか。とくに、「高潔なる精神的要求より離れて、単に幸福ということから考えて見たら、凡て人生はさほど慕うべきものかどうかも疑問」だとしか言うことはできないのではないか。生の無意味や根本的な空しさといった問題を踏まえた上で、西田はわたしたちにそう問いかけているのである。

そして、「生の無意味」をめぐる以上の言葉に重みを与えているのは、あまりにも過酷としか言いようのない苦難の日々を立て続けに経験してきた、西田自身の人生遍歴である。生家の経済的破綻と没落、実の父親との泥沼の確執、妻の病気。さらには、先の文章にみえる娘ふたりの死に加え、長男を病気で、弟を戦争で亡くすなど、西田は、運命の苛烈さ、容赦のなさを骨髄に徹して知る人であった。「運命の鉄の鎖につながれて打ちのめされて立つ術もなし」。「かくてのみ生くべきものかこれの世に五年《いつとせ》こなた安き日もなし」。人生の悲哀を、その生涯をかけて全身で生き抜いた、西田の偽らざる本音を表わした歌をみれば、その間の事情を察するにはあまりあるであろう。

しかし、ここで、とわたしは思う。だからこそ、わたしたちは、その後に続く西田の一文の重みを見逃すべきではないのではないか。「たとえ多くの人に記憶せられ、惜まれずとも、懐かしかった親が心に刻める深き記念、骨にも徹する痛切なる悲哀は寂しき死をも慰め得て余りあるとも思う」。西田が、忘れることなく、そのように述べてもいることの意味を、わたしたちは見逃してはならないのではないか。

この点について、もう一つ、西田の印象深い言葉を引いておこう。

特に深く我心を動かしたのは、今まで愛らしく話したり、歌ったり、遊んだりしていた者が、忽ち消えて壺中の白骨となるというのは、如何なる訳であろうか。もし人生はこれまでのものであるというならば、人生ほどつまらぬものはない、此処《ここ》には深き意味がなくてはならぬ、人間の霊的生命はかくも無意義のものではない。死の問題を解決するというのが人生の一大事である、死の事実の前には生は泡沫の如くである、死の問題を解決し得て、始めて真に生の意義を悟ることができる。

（『思索と体験』）

幼くしてわが子を亡くすことなど、だれも望みはしない。しかし、その子を一度も愛することなく、その子の美しい姿を一度もいつくしむことなく、ただ平坦に過ぎ行くだけの人生と、たとえ悲しみの中に終わるにせよ、一度でもその子と共に生のほんものの美しさを味わうことのあった人生と。「そのどちらがより意義深いものか」と問われたとき、あなたならどう答えを返すだろうか。

なんとかして忘れたくない、なにか記念を残してやりたい、せめてわが一生のあいだだけは思い出してやりたい。苦痛であるにもかかわらずその苦痛が去ることを欲せず、懐に抱いて温めてやりたいと思う。そう心の底から祈る西田の言葉は、これまでにみてきた「生の空虚」を嘆く諦念が見落としている〈なにものか〉をわたしたちに告げ報せてくれている。そう考えることのほうに、わたしたちの心が傾くことはないだろうか。悲しいけれど、寂しいけれど、しかしそのどうしようもない現実をありのまま受け止めるところに、無意味の空虚を埋める「深き意味」が現われる。そう考えてみることの可能性を求めてみようとは思わないだろうか。

すこし形を変えて、こんな言い方をすることができるかもしれない。ここで語られる西田の悲しみは、愛するわが子を失った後に残された、途方もなく大きな空虚を埋めるだけの重さをもった苦痛である。そして、その限りにおいて、西田はすくなくともエリオットやボードレールの空虚とは遠く離れた地点に身をおいて語っている、と。「苦痛の去ることを欲せぬ」西田の悲しみは、まぎれもないほんものである。あるいは、「それがほんものであるか」と問いを立てること自体が見苦しく、不謹慎な行為となるような、それほどまでに疑う余地のない苦痛であり悲しみである。わたしは、そのように述べてみたい気がするのである。

†「愛するものが死んだときには」

西田の文章に加えてもう一つ、「生の空白をうめる悲しみ」をテーマとして書かれた中原中也の詩を引いておこう。昭和十二年、二歳になったばかりで他界した愛息文也の霊に捧げられた詩集、『在りし日の歌』に収録された作品である。

また来ん春と人は云う

しかし私は辛いのだ
春が来たって何になろ
あの子が返って来るぢゃない

おもへば今年の五月には
おまへを抱いて動物園
象を見せても猫《にゃあ》といひ
鳥を見せても猫《にゃあ》だった

最後に見せた鹿だけは
角によっぽど惹かれてか
何とも云わず　眺めてた……

（「また来ん春」）

息子がいなくなってから、もうどれくらいの時間がたったのだろうか。ふとした拍子に、在りし日のわが子の姿がありありと思い起こされる。しかし、無論のことであるが、可愛らしかったあの子の面影を思い浮かべるからといって、中也がしみじみと穏やかな追想に浸っている場面を想像するべきではないだろう。あるいは、亡き息子との思い出が悲しみの中にある中也の生を慰めてくれる、などと都合のよいことを考えるべきではないだろう。

息子のいなくなった世界に自分はいまもおめおめと生き延びている。その事実に負い目を感じ、あるいは、自分を卑怯者のようにも感じる。「なぜあの子が死ななければならなかったのか。なぜ自分は生き残ってしまったのか」。そう呻き声を上げ、自分自身を痛めつけるかのように、答えの返ってくるはずのない問いで自分を責めつける。そこにあるのは、身を切るような苦痛、後悔、運命への怒りといった、どうしようもなさに満ちた感情でしかありえないであろう。「愛するものが死んだ時には／自殺しなけあなりません」（「春日狂想」）。それほどまでの煩悶であり、絶望でしかありえないであろう。君は、こんな苦しみに満ちた生をもう一度繰り返そうと願うか。そう問われれば、「この地獄のような思いをもう一度繰り返せというのなら、いまここで死んでしまったほうがましだ」。そうとしか答えようのないほど深く、暗い苦悶の底に、中也の生は置かれている。

しかし、同時にわたしはこうも思う。中也の悲しみは決して無意味ではないのではないか。自傷行為のような問いのただなかに襲いかかる身を切るような寂しさは、中也の生が決してうつろな空洞ではないことをしかと示しているのではないか。小さな息子、文也の死は、中也の中にぽっかりと空いたあまりにも大きな喪失の跡を悲しみで満たす。最愛のわが子を失うことの悲しみ。それが、全身をつらぬく体験であることを疑おうとするほど徹底した懐疑家になる自分をわたしはどうしても想像することができないのだ。どちらかを選ばなければならないのなら、空白よりも苦痛と共にある悲しみを。悲しみの器が満たされることのない平板な人生よりは、全身をつらぬく悲哀と共にある人生を

──。そう述べることを、ほんものの悲しみを知らない人間の軽率で傲慢《ごうまん》な考えとして退けることはできないのではないか。そんな風に考えてみることの可能性を、わたしたちはすくなくとも否定することができないのではないか。

3　言葉にはできない確かなもの

†もしもわたしが死んだら

あるとき、知り合いの女性が、ふとこんな言葉を漏らすのを聞いたことがある。自分は、恋をすると死にたくなる。なぜかと言えば、自分が死ぬことで、好きになった相手の心に鮮烈な記憶を残すことができるだろうから。そして、そうすれば、自分はその人にとって少なくとも空虚な存在ではなかった、ということになるだろうから。

正直に告白するが、実際のところ、「死んで相手の記憶に残ることで……」式の考え方は、わたしのようにあまりロマンチックでないタイプの人間にはどこか現実離れした話としか思えないところがある。だから、教室で学生さんたちにこの話をしたとき、「ほんとに死ねるかは別だけど、「思い出だけでも好きな人の記憶の中に」という気持ち自体はよく分かる気がする」という反応がかなりの数あったことにはすこしばかり驚いた。恋愛を人生の一大事とする年代の人びとにとって、「わが身は死しても相手の記憶に」というストーリーはそれなりにリアリティをもつ、ということなのだろう。

もちろん、恋をした相手に向かう若い女性の情熱的な思いと、亡くしたわが子をめぐる西田や中也の悲哀とはまるで別種の感情であって、両者を同列に論じようとすればそれはあまりにも乱暴な話になるだろう。しかし、同時に、身近な人間の死という出来事が、後に残された人間に対してどのような意味をもつか、という点において、これら二つの話題にはどこか共通する性格を認めることができないだろうか、ともわたしは考えてしまう。「馬鹿なことを言わないでくれ」。そんな台詞が飛んでくるところかもしれない。しかし、ここでは、乱暴を承知の上で、もうすこし「親しく、愛しい人の死」をテーマに考えを進めてみたい。以下に、話の出発点として、詩人の長田弘が亡くなった妻に思いを致しながら書いた作品を取り上げてみよう。

春の日、あなたに会いにゆく。
あなたは、なくなった人である。
どこにもいない人である。

どこにもいない人に会いにゆく。
きれいな水と、
きれいな花を、手に持って。……

生きるとは、年をとるということだ
死んだら、年をとらないのだ。

十歳で死んだ
人生の最初の友人は
いまでも十歳のままだ

病に苦しんで
なくなった母は、
死んで、また元気になった。

死ではなく、その人が
じぶんのなかにのこしていった
たしかな記憶を、わたしは信じる。

ことばって、何だと思う？
けっしてことばにできない思いが、

ここにあると指さすのが、ことばだ。……（「花を持って、会いにゆく」）

死んでしまった人、もはやこの世にはいない人に会いに行く。もちろん、ここで長田が語ろうとしているのは、死んだ人の魂がこの世に残る、とか、霊媒師に呼び出された霊と話ができる、とか、その手のオカルトじみた話ではないだろう。いなくなった人は文字通り「もうどこにもいない」のだし、泣こうがわめこうが二度と帰ってきたりはしない。長田は、その事実を、いさぎよく、全面的に受け入れている。

しかし、とわたしは思うのだが、自分の大好きだったあの人はもうどこにもいないのだ、もう二度と会って話をすることができないのだ、そう身にしみて分かっていればこそ、その人が「たしかにそこにいた」ことをめぐる自分自身の記憶が、なによりもくっきりと、あざやかに浮かび上がるということはないだろうか。その人が「もうそこにいない」ということが、否定しようのない――つまり、悲しい――事実であればこそ、生きているときには「そこにいる」のが当たり前、いや、「いるかいないか」すら定かでなかったその人の存在が、これ以上ない痛切さをもって立ち上がる、ということはないだろうか。

死ぬということは、なにもかもなくなるということではない。人ひとりの死という悲しい出来事を、わたしたちはただの喪失としてではなく、かならずその後になにかを残す厳粛な事態として経験する。亡くなった人との過ぎ去った日々に思いを致すということ。追想を通じてその人の面影にもう一度ふれてみるということ。そのとき、わたしたちが亡き人を思う悲しみの中で出会う、消え去ることを願わない記憶。そこには、決して言葉にすることはできないが、それでもわたしたちが信じるに足る確かななにかが「ある」。そう考えることは許されないことなのだろうか。

ある晴れた春の日に、きれいな花と水を手にもって、なくなった人との語らいに向かう。無意味と言えばそれほど無意味な行為もないであろう。死んでしまった人は間違いなく「もうどこにもいない」のである以上、その「どこにもいない人」に会いにでかけたところで「会う」ことなんてできるはずもない。ましてや、いなくなった人が花をみて感動することも、きれいな水を飲んで「おいしい」と返事をしてくれることも、絶対にありっこない話なのだ。だから、花も、水も、いくらそれがきれいな花であり水であろうが、なんにもなりはしない。醒めた眼で脇から眺めれば、後に残るのは、せいぜいのところが痛ましいまでに滑稽《こっけい》な自己満足でしかありえないところだろう。

しかし、それでもなお、「きれいな水」と「きれいな花」を両手にたずさえ、死んでしまった「あの人」との語らいに向かおうとする人の行為を、馬鹿げたこと、意味のない無駄なこととして笑い飛ばすことはだれにもできないことだろう。なくなった人に向けられた、わたしたちの「決して言葉にできない思い」。親しく、愛しいあなたの死という出来事の後に残されるたしかな記憶。わたしは、そこに、「無意味」の一言では片付けることのできない「なにか」を認めたく思う。それも、決して言葉にはできないが、エリオットの言う中身をなくしたうつろなる人間たちの内部を埋めるに足るだけのなにか、剥製の魂を満たすだけのなにかがそこにあることを認めたいと思う。

† 月夜の浜辺で拾ったボタン

中国哲学を専門とされる先生に、「世界が液化する」という表現を教えてもらったことがある。カラカラに干あがった砂漠の乾燥した空気でも、真夏のベタベタと体にまとわりつく湿気でもなく、眼前の風景が、ここちよく、ミストのように体中に浸透していく感覚。例に出されていたのは、「杯に映った月を飲み干す」だっただろうか。杯の中の酒と一緒に、月がそれを飲み干すわたしの体の中へと沁《し》み通る。中国思想における「気」の概念をテーマにお話しいただいたときに聞いた言葉だった。わたしは、中国思想に関しては素人以下の人間だし、「気」をめぐる議論についてはなに一つ分からないのだけれど、ただ、「さんずい」に「こころ」という漢字が示すように、水が大地に浸透するがごとく、世の風景が水のように心に「沁」み入り、干からびた器に湿りけを与える、という感覚だけは、なんだかすこし分かるように思った。

そして、「世界が液化し、心に沁み入る」、そんな「沁」の風景をめぐる話を聞いたとき、わたしの心に浮かんだのは、これも中原中也の書いた「月夜の浜辺」という作品だった。

月夜の晩に、ボタンが一つ
波打際に、落ちてゐた。

それを拾って、役立てようと
僕は思つたわけでもないが
なぜだかそれを捨てるに忍びず
僕はそれを、袂に入れた……

それを拾って、役立てようと
僕は思つたわけでもないが
　月に向かってそれは抛れず
　浪に向かってそれは抛れず
僕はそれを、袂に入れた。

月夜の晩に、拾つたボタンは
指先に沁み、心に沁みた。……

（「月夜の浜辺」）

息子を失ったという現実に茫然《ぼうぜん》として、あてどもなく月夜の浜辺を歩くうち、ふと一つのボタンが目にとまる。なにげなく拾い上げてはみたものの、なんの変哲があるわけでもなし、そのまま投げ捨ててしまえばよさそうなものだけれどそれができない。もちろん、自分が拾ったのはただのちっぽけなボタンであって、いなくなった息子となんの関わりもないことは当たり前のように分かっている。しかし、それでも、手の平にのせたその小さなボタンをみつめていると、なんだかそのちっぽけなボタンが在りし日の息子を偲ばせるような気がして、どうしても放り投げることができない。「そのボタンがそこにある」というただそれだけの事実が胸に沁《し》みいってくる。もとより、理屈で押し通せるたぐいの話ではないだろう。けれど、だれにもそれと類似の体験をしたことがあるのではないだろうか。

西田、中原、長田といった、歴史に名を残す哲学者や詩人たちの魂がこもった文章をみたあとで、なにかまとめじみた話を付け加えるのは無粋というか不細工なことであるかもしれない。しかし、それを承知であえて一言付け加えておくならば、こんな風に言うことはできないだろうか。悲しみの感情において、わたしたちはほんものの生に接近する。生きること、そして死ぬことの深さ、重さ、奥行きといったものに出会うのである、と。

そして、このことは、「意味の死」のただなかへと投げ出されたわたしたちがいま必要としているのは、悲しみを遠ざけることではなく、悲しみを正面からみすえ、それどころか肯定さえしてみせることなのだ、という可能性を指し示してはいないだろうか。悲しみすらない人生より、悲しみで満たされた生のもつ重みに身を傾けてみるべきではないのか。悲しみを通じた生の回復においてこそ、少なくともわたしの魂はひからびた剥製ではないことが確認されるということはないのか。そう考えてみることの可能性を、この章の結びとすることは許されないことであろうか。

第六章　未来に希望をつなぎとめる

1　祈ることのできる人びと

† ラブ・センター・チャーチ

いまの勤務先に赴任する前、いっときアメリカで暮らしていたことがある。場所は、サンフランシスコから車で一時間ほど走ったところにあるバークレーという大学街。ダスティン・ホフマン主演の映画「卒業」の舞台になったところで、学生さんも多く、「活発で自由な空気に満ちたアカデミックな街」という表現に異論をはさむ人はまずいないだろうと思う。気候は一年を通じて温暖。キャンパスに足を踏み入れれば、いかにもアメリカの大学らしく、緑の芝生の上をリスが駆け回り、ゴールデンゲート海峡を見下ろす丘に登れば高級住宅街。一部の地域をのぞけば治安もそれほど悪くはない。まあ、なんというか、「いわゆるアメリカ西海岸」の雰囲気に満ちたところを想像しておいてもらえばよいと思う。

そして、そのすぐ南にあるのがオークランドという街だ。「大リーグ、アスレチックスの本拠地」と言えば、「ああ、松井秀喜がいたとこね」とか、思いあたる人もいるだろう。地理的に言うならば、北はいま述べた通り、世界中から優秀な人材が集まり、ノーベル賞級の研究成果を続々と発信する学術都市バークレー。すこし南に足を伸ばせば、グーグルからアップルから、世界にその名を轟《とどろ》かせるIT企業の数々が本社を構えるシリコンバレーが広がる。しかし、現代アメリカの富と繁栄を代表するかのような地域に南北をはさまれた都市にしては、オークランドはすこし様子が違う。街の中心部をすこし離れれば、いわゆる貧困層が多く暮らし、麻薬の売人や中毒者が徘徊《はいかい》する治安のよくないエリア。犯罪発生率は全米でもワーストスリーに入り、昼間でも酒屋の窓には鉄格子が下りる。地元の人間ですら、「安全を考えて自分は一部の限られた場所以外には足を踏み入れないことにしている」。そう口にせざるをえないほど物騒な街だ。

さて、そのオークランドの街の南のほうに、ラブ・センター・チャーチという教会がある。ゴスペルの世界的な中心地で、毎週の礼拝は説教やお祈りと並んで音楽が主役。日本の教会の日曜礼拝などのイメージがあると、たぶん空気をつかみそこなう。音響もホールの作りも、教会というよりは完全にコンサートホールのそれ。そして、いま振り返ってみてもちょっと信じ難いのだが、牧師先生（残念ながら先日お亡くなりになった）をはじめプロ級どころかグラミー賞級のミュージシャンたちがステージに上がり、掛け値なし、正真正銘のゴスペルを演奏してくれる。わたしも、身内が中にもぐりこんで歌を歌っていた関係で、日曜日、クリスマス、イースターなど、それなりの頻度で足を運んでは本場の音楽を楽しませてもらった。

わたし自身、欧米でそれなりの期間暮らしたことがあり、カトリックもプロテスタントも含め、いろいろな場所で礼拝に参加した経験はあったのだが、南オークランドの教会で見た人びとの姿は、そのいずれとも違っていた。「信仰」をもったアメリカの黒人文化に特有の空気というか、わたしのような人間が混ざり込んで「ハレルーヤ！」とかあいさつしていてもまるで違和感がないような、そんな空間だったと言えば分かってもらえるだろうか。「だれかが病気をした」と言えばメンバー全員で真剣に回復を祈り、「だれかに子どもが生まれた」という報《しら》せがあればその場に居合わせた全員が心の底から歓喜の叫び声を上げる。「古きよき時代の共同体」というか「ファミリー」というか、現代日本に暮らしているとなかなか実感の伴わない言葉の意味が「ああ、こういうことだったのか」と腑《ふ》に落ちて理解できる、そんな体験をさせてくれる場所だった。

† 信仰を遠ざける

実を言うと、わたし自身は、その当時もいまも信仰をもっていない。もともと、わたしは、「神などというものを金輪際みとめません」と神の非存在を確言できるほど徹底した懐疑的精神の持ち主ではなかったし、「腐敗した宗教権力の垂れ流す害悪を除去するためにも、宗教というアヘンは徹底的に排除されるべきだ」と主張するほど攻撃的な人間でもなかった。正直なところを告白すれば、「神様がいるとかいないとか、あまり関心ないです。普段の生活が忙しいので、必要になったら考えてみますけど、まあ、普通に考えたらいないいんじゃないですか」。「宗教」というものに対するわたしの基本的なスタンスは、その類のものだったように思う。そして、たぶん、根っこのところではいまでもあまり変わっていない。生活習慣として、身体が「信仰」をもった暮らしの側に向かおうとしないのだ、そういう言い方ができるかもしれない。

そして、こと宗教的なものに関しては、現代日本人の大多数がわたしと同じような状態にあるのではないか、とわたしは思っている。近代社会に生きる洗練された文明人のエチケットとして、表向きは信仰をもった人の生き方を尊重するだろうし、あからさまな非難、攻撃、軽蔑の対象とすることはないだろう。しかし、「「あなたの宗教はなんですか?」——「無宗教です。お葬式のときだけ仏教徒になります。あ、結婚式はチャペルで牧師さんにあげてもらいました」」的な発言にだれひとりとして疑問をさしはさむことのない風潮を反映するかのごとく、「自分自身の暮らしに関わる重要事」としての宗教に関心が向けられることは基本的にないように思われるのである(そういえば、むかし予備校で教えていたころ、「神社とお寺ではなにが違うのか」という質問に答えられない生徒がいて仰天したことがあった)。

宗教を受け付けない自分の身体を当然のものと感じ、信仰が生き方の根っこの部分に息づいている人びとを、どこか縁遠い、別世界の不可解な住人として捉える。あるいは、「便利な時代になったんだから神様なんてもう用済みなんじゃないですか？　それなのにまだ宗教なんて前近代の遺物を頼りにしながら生きてるんですね、へえ〜」と信仰の道に生きる人に内心どことなく優越感を感じる。さらには、一部のラディカルな原理主義やカルト教団の反社会的活動をもって宗教の典型とみなし、信仰の問題と真剣に向き合う人を片端からうさんくさそうな目でながめ、「迷惑だから宗教なんか信じるのやめればいいのに」と言わんばかりの態度で接する――。

おそらく、「迷信」の対極に位置する「科学」や「技術」が実現してくれた「豊かさ」を背景にしてのことだろう、「わたしは近代化された先進国に生まれた科学時代の申し子」的な意識に染まった人間は、信仰であれなんであれ、わずかでも迷信のにおいを漂わせるものを疑う権利をもつ、と思い込んでいるところがあるように思う。

もちろん、宗教に対する以上の態度は、その大部分がわたし自身に当てはまる話でもある。だから、毎日曜日、南オークランドの教会に集う人びとの姿をこの目にしたことは、わたしにとってかなり衝撃的な体験だった。その場が圧倒的な音楽に支配されている、という事情にもよるのだろうか、全員、本気で神を讃美し、踊る。そして、その場の雰囲気が最高潮に達すると、おそらく「神様が降りてきた」という感覚なのだろう、踊りすぎて倒れる人もでる（倒れると、教会のスタッフが当たり前のように毛布をもってきてその人を冷静にホールの外に運び出す。周りの人は、天に通じるほどの激しい祈りに達し、あげくに倒れた人を称讃の拍手で送り出す）。みんな、文字通り、全身の力を振り絞って讃美し、自分が神と共にあることを感じ取ろうとしているかのようだった。

もちろん、祈ったからといって日々の暮らしにまつわる苦しみや悲しみがなくなるわけではないだろう。一歩外に出れば変わることのない「現実」が待っている。貧しさ、病気、うまくいかない人間関係。祈ったからといってそのうちのどれ一つとして解決されるわけでないことは、彼らにだって嫌というほど分かっているはずだ。それでも、いや、それだからこそ、彼らは祈る。あるいは、祈ることができる。

こんな風に、本気で救いを求めることができる人びとの作り出す、熱狂に満ちた時間と空間とを直に体験する機会をもったことで、わたしは「信仰」や「神様」といった問題について、以前とはすこしばかり違う考え方をするようになった。宗教に対する以前のように傲慢《ごうまん》ないし軽率な思い込みは許されないのではないか。すくなくとも、心の底から祈ることができる人びとのことを無反省に突き放しては遠巻きに距離をとり、「よその世界」に帰属する人びととしてカーテンの向こう側に追放しておしまい、というわけにはいかないのではないか。

「その種の「宗教的次元」なんてまやかしに決まってるでしょう。そんなのがあるとしたらオカルトだ。科学の精神に反している。ぜんぶただの思い込みだっていうことは、心理学なり神経科学の見地からいくらでも説明できますよ」。そんな風にすべてを割り切ってしまう人の気持ちも分からなくはないのだが、「自分にはぜんぶ分かっている」と言わんばかりの態度で人びとが信仰に向かう気持ちをあっけなく説明しさってしまうことは、いまの自分にはできそうにないことのように思われるのである。

　とはいえ、残念ながら、本当の意味での宗教的次元に身をおいている人びとに対して、わたしは今も昔と変わらず語るべき言葉をもたない。彼らはおそらくなにかを感じ取っている。あるいは、必死に感じとろうとしている。わたしは、神を求める彼らの心情が、偽りのないものであることを全面的に承認する。そして、すぐ後で説明するように、ある意味でうらやましくさえ思う（もちろん、一部のカルト信者たちがみせる反社会的・破壊的活動は別にして、の話だが）。とはいえ、その反面において、「本当に神様を信じることのできる人びとに対しては、そうでない人間には決してふれることのできない世界への扉が開かれるのだ。信仰をもたない人間にはそれが分からないから気の毒だ」などと、知った風な台詞《せりふ》を無責任に肯定することもわたしにはできない。彼らが「なにか」をつかみとろうとしている「その場所」に、本当にその「なにか」があるのかどうか。それはわたしには分からないことだ。

　ひとつだけ、この問題に関してわたしに述べることのできる誠実な言葉があるとすれば、「残念ながら、彼らの暮らす信仰の世界への門は、自分には開かれていないように思われる」というものになるだろうか。

†　こんなとき神様でもいてくれたら

教会にまつわる思い出と同じく、アメリカにいたころの話だ。わたしにとってはかなり重要な

――大げさでなく、ある意味それから何十年かの人生を決めるほどの――用事があって、家族は向こうに残したまま、自分だけが日本に一時帰国することになっていた。ところが、いよいよ明後日は出発予定日、という日の夜。体調を崩して小学校を早びけしていた当時七歳の長女が、激しく嘔吐《おうと》し、かなりの高熱を出した。夜が更けても熱は下がる気配をみせず、おまけに呼吸をするたびに「ヒュー、ヒュー」と奇妙な音が聞こえるようになり始めた。どう考えてもおかしい。朝になるまでに多少なりとも収まってくれればよいのだが。そんなことを考えながら、その日は自分もベッドで横になった。

深夜。相変わらず娘の症状は回復のきざしをみせない。熱は下がらず、ヒューヒュー、ゼーゼー、聞く者に不吉な予感をしか与えてくれない不気味な音を立て、呼吸をするたび苦しそうにあえぐ。早朝の段階で「これは大ごとだ」と覚悟を決めて、緊急で小児科のクリニックに予約を入れた。診察の結果は、「非常に危険な状態です。即入院が必要と判断します」というもの。その場で救急車が呼ばれ、娘はParamedicと呼ばれる専用の車両で（これまたオークランドにある）チルドレンズ・ホスピタルという大きな病院へ搬送されることになった。

入院先の病院では、最初に何時間かＥＲ（救命救急室）で治療を受けた後、ＩＣＵに部屋を移して様子をみることになった。娘は薬を吸入するマスクをつけたまま、楽になりつつあるのか苦しいままなのか、傍《はた》からはそれすらも分からない状態で病気と闘っている。

なにも手につかず、ベッドわきに置かれたイスにただぼんやり座っていると、あれやこれや、よからぬ想像ばかりが頭に浮かぶ。このままで本当に大丈夫だろうか。最悪の事態になったりはしないだろうか。なんの問題もなく元気になってくれればそれ以上望むことはないけれど、ここは高額医療費大国のアメリカ。その当時、まだ定職をもたず、「ポスドク（ポスト・ドクター）」と呼ばれる任期つき研究員の身分にあった自分には医療費の問題も切実だ（それまでに、医療費の問題では二度ほど痛い目にあっていた）。いまは、元気になってくれれば、としか思わないが、ＩＣＵに入院していると一日あたりいくらかかることになるのだろうか。

いや、それ以上に、自分は明日の午前、いまから十数時間後には離陸する飛行機に乗ることになっている。さらに悪いことに、付き添いを妻と交代してもらおうにも、二人目の子どもはまだ生まれて五か月になったばかりのところ。病院の規則で、三歳未満の乳幼児はＩＣＵの入った病棟への立ち入りが許可されないことになっている。生まれて五か月の乳児を家に置きっぱなしにするわけにはいかないだろう。では、生死の境で（とその時の自分には思われた）苦しんでいる七歳の子どもを異国の病院に一人きりで置き去りにするのか？　いや、そんなことをするくらいなら、自分にとっての「重要事」をキャンセルするという決断を下さざるをえないのではないか――。

ふたたび夜となり、日付が変わったころ。追い詰められた気持ちでそんなことを考えたりするうち、娘の様子が急に変わった。突然ベッドから上半身を起こし、日本語なのか英語なのか、わたしにも聞きとることのできない奇妙な言葉で、ぶつぶつとなにごとかをつぶやき始めたのだ。薬の影響もあるのだろう、なかば夢遊病のような状態で、わたしのほうからどれだけ声をかけてもまったく反応してくれない。薄暗い灯りに照らされた深夜の病室のベッドの上で、相変わらずゼーゼーと荒い息を吐きながら、奇妙な言葉をつぶやき続けるだけだ。

高熱かウィルスの影響で娘の脳になにか異常が生じたのではないのか。このまま危険な発作を起こし、急に泣きわめくなり暴れるなりし始めたらいったいどうすればよいのか。心臓が凍りつきそうな感覚を覚えながらそんなことを思った。

そのときのことだ。教会で出会った「祈ることのできる人たち」の姿がふとわたしの脳裏に浮かんだ。そして、膝をつき、一心に神に祈る姿を思い出しながら、わたしは彼らのことを心底うらやましく思った。いま、ここで、「神様助けてください」と祈ることができたなら、それでどれほど救われ、気持ちが楽になるかしれないのに。わたしにも、彼らのように心を天に向けてひざまずくということができさえしてくれれば——。

しかし、頭ではそう考えておきながら、わたしの身体はどうしてもその「神様に願う」という態度を受け入れてくれなかった。わたしには、こんなぎりぎりの場面においても膝をついて天に祈るということができなかった（実家が浄土真宗だったことを思い出し、それこそ藁《わら》にもすがる思いで「南無阿弥陀仏」とも唱えてみたけれど、あまり効果はなかった）。「なんでそんなに頑固なんだ。こんなときくらい精神の側に協力しろ！」。いくら頼んでも「祈ることができる自分を求める祈り」すら受けつけてくれない自分の身体に向かって、そう怒鳴りつけてやりたくなったことをいまでも覚えている。

2　目的喪失性の隠蔽と最大のニヒリズム

† 最後の希望をつないでくれるもの

チルドレンズ・ホスピタルのＩＣＵでわたしが感じた、「こんなとき神様に祈ることができれば」という思いは、「自分の力ではもはやどうしようもない」と悟ったときに抱かれる、「目の前の困難を解決し、いまにも崩れそうな自分の支えとなるものがあってくれれば」という気持ちと表裏一体のものだろう。先の章でみた「悲しみ」や「さようなら」をめぐる話を振り返ってみるなら、「悲しい思いはしたくない」と無意識に「さようなら」を遠ざけ、「いかんともしかねる」状況、すなわち、「自分の無力を突きつけられ、受け入れざるをえなくなる」状況を怖れるわたしたちの心情と、どこか通底する性格をもった問題であるようにも思われる。

人間は、「現実のどうしようもなさ」から目をそらし、悲しい思いをせずにすむ可能性を最後の最後まで探し求めずにはいられない生き物なのだ。つくづくそう思う。悲しいのと悲しくないのと、どっちがいいんだと言われたら悲しくない方に決まってるじゃないか。頼るものがなくなり、それ以上手のほどこしようがなくなったどんづまりの状況と、自分の力ではもはやどうしようもないにせよ、それでも「最後にすがることのできるもの」がまだ残されている状況と。どちらがよいかと言われれば、だれだって後者を選ぶに決まっているだろう。たとえば、「残念ながら、もはや治療法がありません」、あなたが医師にそう宣告されたとしよう。その場合、あなたは、万能細胞を用いた再生医療であれ癌ワクチンであれ未承認の新薬であれ、なんであれ残された「最後の希望」にすがろうとはしないだろうか。

結局のところ、人間、だれであれ、支えとなる底の抜けた不安な状態をあえて望む人はいない、ということなのだろう（「いや、自分はだれにも頼らない。最後の最後まで、自分の力が及ばないことがあることなど絶対に受け入れない。わたしはなにもかも、自分一人の力で解決していくのだ」。断固としてそう宣言する人だって、「弱い気持ちに負けそうになったとき、頼りにすることができる自分」を求めているわけだから同じことだ）。

人間は、寄る辺となる手すりのなくなった宙ぶらりんの状態に耐えられない。あるいは、頼るものの不在、支えとなってくれる根拠の不在をニヒリズムと言い換えるなら、人間はニヒリズムに耐えられない。だから、なんとかして、ニヒリズムを回避しようとする。そして、逃げ切れないと悟ったとき、ニヒリズムを隠蔽しようとする。しつこいかもしれないが、繰り返そう。目の前の絶望的な状況から目を背け、いつわりの安心の中でまどろむダチョウのように。

† 神の代用品

「すがることができるもの」を求め、ニヒリズムから目を逸らそうとするわたしたちの根本的な傾向性について、二十世紀ドイツの哲学者、マルティン・ハイデガーが次のようなことを述べている。

ほんとうのニヒリズムの態度やふるまい。それは目的が失われていることを承認しようとしないことである。だからそれゆえに、突如急にふたたび、〈目的〉なるものを持ったりする。……それは目的追求のための〈一手段〉でしかありえないものが、目的そのものへと高揚されていくことである。人が目的をふたたび持ったと信じている場面に、まさに最大のニヒリズムがある。……最大のニヒリズムとは、人間の目的喪失性を組織的に閉め出すことである。……〈代用品を用意すること〉で回避することである。[1]

（『哲学への寄与論考』）

ここまでの話を考えあわせれば、引用文中でハイデガーの言及する「目的喪失性の隠蔽」や「最大のニヒリズム」という言葉の意味は明瞭だろう。

目の前で起きている出来事に目を向けていると、どうにも不安でやりきれない気持ちになってくる。放射能に汚染されつつある身の回りの生活、いつくるか分からない巨大地震、異常気象に伴う水不足、回復しない不況と崩壊しつつある年金制度、迫りくる国家規模での経済破綻。これから先、わたしたちの暮らしはいったいどうなってしまうのか。いつまでもこのままで、ただ座して破滅を待っているわけにはいかないだろう。しかし、では、不安から抜け出すためにわたしたちはどうすればよいのか。

そこに立てられるのが、未来へとわたしたちの希望をつなぎとめ、安心を与えてくれるさまざまな「目的」たちである。放射能の恐怖から暮らしを守るためだ、脱原発を、そして核のない世界を実現しなければならない。壊滅的な環境の崩壊を回避するため、緑の地球を目指したさまざまな取り組みを進めていかなければならない。再生可能なクリーンエネルギーへの転換、無駄な化石燃料を消費しないハイブリッドカーやエネルギー効率に優れた建物の開発、先端医療による難病の克服、飢餓や貧困を撲滅するための国際的な協力体制の確立。いまの困難を乗り越えるために、なされるべきことは山ほどある。

たしかに、どれをとっても達成の困難な目標かもしれない。しかし、それでも、ゴールが設定されているかぎり、自分たちには「向かうべき目的地がある」と確認することができる。そして、それらの課題に取り組んでいるかぎり、目の前の不安を克服する可能性へと希望をつないでおくことができる。うまくいかないことがあっても、最終的な目的地さえ確保されていれば、それで目の前の絶望的な状況から目を逸らすことができる。自分を安心させることができる。実際、わたしたちはみんな口をそろえてこう言う。遠いかもしれないが、かならずゴールはやってくる。がんばろう、と。

そう考えてみれば、ハイデガーの言う「最大のニヒリズム」と呼ばれる事態は、なにも特別とか異常なことがらではない、ということが理解されるだろう。それは、むしろ、わたしたちの生活を当たり前のように支配している基礎的な生活態度のことである。導かれるべき方向が分かれば、それで安心できる。歴史の無意味、意味からの疎外を救済してもらえる。だから、代用品だろうがなんだろうが、自分たちにとっての目的を与えてくれるものがあれば一も二もなくそれに飛びつく。この種の「目的喪失性の隠蔽」ないし「最大のニヒリズム」なしに生きていくことは、おそらく、わたしたちにはできない。

こんな言い方をしてみてもよいだろう。代用品を求め、「最大のニヒリズム」へとわたしたちを落ち込ませるメカニズムは、先にも触れた迷子のときに感じる不安と似たところがあるのかもしれない、と。知らない街で一人きり、周りをみても怖そうな大人たちばかり。ふらふらとあてもなくさまようち、お腹はへってくる、手持ちのお金もない。おまけに日は暮れてだんだん寒くなる。そんなときに感じられる不安に耐えることができるのは、だれかがきっとみつけてくれる、この道を行けば家に帰ることができる、そう信じることができればこそだろう。帰るべき家はもうなくなっているのかもしれない。孤独な自分を探してくれる父も母ももういないのかもしれない。そんな思いにとらわれて、抜け出せなくなれば、その場にしゃがみこんで終わりのときを待つ以外になにもできなくなる。だから、いまここで途方に暮れている自分ではなく、安心できるわが家に帰った自分の姿を思う。そうすることで、いまの孤独と不安に耐える。

すがることのできるものを求め、心細さをまぎらわせようとするわたしたちの心情。それを思えば、根拠なんてなくなっているのに、その根拠の代用品を持ち出して、ごまかそうとする態度を責めることはだれにもできないことだろう。ある意味、ここでは、第三章でいやというほどみた「生きている理由」や「死なないでいる理由」の「決定的な不在」をめぐる話が、裏返った形でもういちど息を吹き返しているのだ。

†「ゲシュテル」あるいは「総かりたて体制」

「ゲシュテルンクスベフェール」という言葉がある。ドイツ語で「召集命令」、あるいは「出頭命令」という意味。間違いなく、たいていの人にとっては聞きなれない言葉だろうし、聞きたくもない言葉であるかもしれない。この語の前半部を構成する「ゲシュテル」とは、「枠組み」とか「フレーム」のこと。また、「ベフェール」で「仰せ付ける」、「命じる」。両方あわせて、人びとを型にはめる骨組みの中へと強制的に「召し集め」、連れ出す「命令」のこと。あまりありがたくない、できれば関わらずに済ませたい、不吉な響きをもった言葉だ。

この「ゲシュテルンクスベフェール」という言葉の前半、「ゲシュテルンク（召集）」という部分の語感を（おそらく）利用しながら、ハイデガーは「ゲシュテル」という独自の概念を構想している。あらかじめ述べておくなら、「ゲシュテル」とは、先にみた「最大のニヒリズム」の根本構造と重ねあわせつつハイデガーの用いる概念である。

> 集‐立（Ge-stell）とは、次のような立てることを集めるものを、言う。すなわち、現実的なものを、用に立てる（bestellen）という仕方で、用象（Bestand）として露現せしめるよう人間を引っ立てること、すなわち、徴発することを集めるもののことを言う。(2)（「技術への問い」）

カタカナで表記していた「ゲシュテル」がいきなり「集‐立」などと訳されていることを含め、なんと言うか、正直、ちんぷんかんぷんの言葉が並んだ文章だ。きっちり理解するにはかなりの難物だが、ここでは、以下の議論と関係する程度の内容を簡単に確認しておこう。納得ができるまですこし時間がかかるかもしれないが、議論の進行上きわめて重要な概念を含んだ文章でもある。しばらく辛抱してお付き合いいいただきたい。

まず、全体のキーワードとして何度も登場している「立てる」という言葉は、ドイツ語で言うと「シュテレン stellen」。もともとは、地面の上に横になっているものをまっすぐに立てる、程度の中立的な意味をもった言葉なのだが、それが転じて「ものごとをむりやり別の状態に追いやる、追い詰める」等の意味をもつことがある。先ほどの「召集」との関連で言うならば、家庭を支える働き手たちが兵士として「呼び立て」られ、出向きたくもない戦場へと「追い立て」られ、憎くもない敵と戦い、殺戮《さつりく》するように「駆り立て」られる。あるいは、すこし経路の違うところで、金融業者による借金の「取り立て」のような事態のことを考えておいてよいかもしれない。

また、Ge-stell の Ge は「総体」や「集まり」を意味する接頭辞。たとえば、ドイツ語で「ベルク Berg」は「山」を意味する言葉だから、「ゲビルゲ Gebirge」（eがiに変わっているが同じ言葉）は「山を集めたもの」、つまり「山脈」という意味だ。同様に、「ゲシュテル／集-立」とは、文字通りには、さまざまなものが「取り立て」られ「引っ立て」られる事態を「集めた」もの。要するに、「あるものを出頭することへと強制する」こと、あるいは、「徴発 herausfordern する」ことを集め、総体として捉えたもの、すなわち、「総かりたて体制」がゲシュテル Ge-stell という言葉の最も基本

的な意味だ、ということになる。(3)

続いて、「ゲシュテルとは……現実的なものを、用に立てる(bestellen)という仕方で、用象(Bestand)として露現(entbergen)せしめるよう人間を引っ立てること、すなわち、徴発することを集めるもののことを言う」という部分の意味を明らかにしておこう。

まず、「用に立てる」と訳されているbestellenは、(レストランなどで)「料理やお酒を注文する」、「タクシーを予約する」といったときに使われる言葉。それに対して、「用象」という難しい言葉で訳されているBestandは、注文に応じるために準備しておかれる「在庫」や「貯蔵品」のことを意味する。そして、「露現」というこれまた難しい用語で訳されているentbergenは「覆いを取る」、「発掘する」といった意味合いで用いられる言葉である。

だから、全体として、この一文は次のような意味で理解される。ゲシュテルとは、この世界の中に存在するあらゆるものが、なんらかの注文に答えるための在庫品として姿を現わすことを請求し、請求に見合った対価が支払われるように取り立てを行なうシステムのことである。すなわち、ゲシュテル体制下に暮らす人間たちは、すべてのものを、なんらかの目的のために存在するもの、ないし、なにものかの「役に立つもの」(用象)として引っ立て、その姿を露《あらわ》にするよう駆り立てられる。

例として、脳死患者からの心臓移植手術を待つレシピエントのことを考えてみよう。この患者の立場からすれば、手術室に設置された最新の医療機器、病院に勤務する最先端の医療技術を身に付けたスタッフたち、ドナーから提供された臓器を搬送する専用の搬送車両やヘリコプター、脳死判定を受けた患者の体内で摘出を待つ心臓、そして、さらには、心臓の供出元である「死体」や、その心臓の摘出に先立って行なわれるドナーに対する「脳死」の判定、すなわち、一人の他者の死という出来事までもが、「心臓移植手術の成功」という目的のために役立てられるべき在庫／用象として姿を現わすことになる。

† 世界の根本構造としてのゲシュテル

「死体」や「一人の人間の死という事態」を用象として、すなわち自分の注文に応じるための在庫品として利用する、などという言い方をすると、ずいぶんグロテスクな話に聞こえるかもしれない。しかし、すこし想像力を働かせてやれば、これらの「ゲシュテル」と呼ばれる仕組みがわたしたちの生活の隅々にまで行き渡った、現代世界を支配する最大の怪物であることが理解できるだろう。食糧や観賞用の草花を生み出す土地、収穫効率を向上させるための肥料、時間をかけずに長距離を移動するための交通機関、世の中をよい方向へと導く上で有用な人材を育成するための教育機関。あらゆる局面で、この世に出回るすべてのものは「なにかの役に立つ」ことへと駆り立てられている、すなわち、「用象として露現せしめられている」。繰り返し確認するならば、そのような、人間を強制的に引っ立てるその引っ立て行為の総元締めがゲシュテルなのである。

先にみた通り、人間は、分かりにくいこと、根拠のないことを好まない。目的がない、理由がない宙づりの状態は、人を不安にさせる。だから、根拠の喪失をニヒリズムと呼ぶとすれば、ニヒリズムが人を不安にさせるのは人間が根拠の失われた状態や理由の失われた状態を恐れるからにほかならない。そして、ニヒリズムだからこそ、人はゲシュテルを歓迎し、みずから進んでその中に没入する。というのも、「現実的なものが用象として露現する」ことは、そのものが自分に対して役に立つこと、つまり、そのものが「なんのため」に存在するのか、その根拠や理由が見通しやすく、分かりやすいものとなることを意味するからである。「ゲシュテルは……あらゆるものごとを、なにかのタメに用立てられ役立つものとして存在するよう、自動的にしむけてくれる」（古東哲明）。

大学生の受ける授業のことを考えてみてもらいたい。卒業すれば大卒の肩書きが手に入る、とか、大卒の肩書きがあれば安定した職業に就く上で役に立つ、とか、分かりやすい理由もないのに無駄なお金と労力を払ってまで大学に通ったりする人がいるだろうか。単位が出ない、なんの役にも立たない、と分かっているのに、講義に出て毎週九十分も退屈な話に耳を傾け続ける奇特な人がいるだろうか。なるほど、「自分が大学で学ぶのは単位だとかなんだとか、下らない形式的な目的のためではない。純粋に知的成長を求めてのことだ」。そう立派なことを主張する人もいるだろう。でも、それだって十分な理屈づけだ。なんらかの理由づけなり根拠があるからこそ大学に身を置き、学んでいる、という点で、その人とその他大勢の学生さんたちのあいだに本質的な違いはない。そう言っておくべきところだろう。

3　遠くを見つめる生活態度

† 言い訳するわたし

言い訳をせずに生きていけたらどんなに楽だろうか。ときに、そう思うことがある。仕事で移動中、ふと顔を上げたら夕焼けがきれいだった。せっかくの機会だし、しばらく眺めていくことにしよう、とその場で足を止める。ごくありふれた日常の、どうということのない一コマだ。十分なり十五分なり、日が沈むまで夕焼けを眺めた後で、「いいもの見られてよかったな。今日はついてたよ」。そうつぶやいて立ち去ればいいだけの話だろう。でも、実際のところ、自分がその状況におかれた当人だったとしたらどうだろうか。こういった場面において、わたしたちは、それに加えてなにか「一つ余計な考え」を心のどこかによぎらせたりはしていないだろうか。今日は時間があるから、まあ大丈夫だろう。だれがみているわけでもないし、しばらく忙しいスケジュールだったからたまにはゆっくりしても罰はあたらないだろう……。みごとな空の赤さに呆然と見入る心の片隅で、そんなことを考えたりはしていないだろうか。すこしでも負い目を感じるところがあると、周りから「なにをやってるんだ」と言われても大丈夫なように、なにか、理屈をつけなければいけない。無意識のうちに、心の中でそんな防御壁をはりめぐらせてはいないだろうか。

言い訳するとは、自分のやったことに理由や根拠を与え、正当化することだ。つまり、自分の行為は無根拠ではなかったこと、理由があってやったことであることを、周りにいる他者たちに向かって、そしてときには自分に向かって、必死で伝えようとすることだ。ここで、「理由をつける」というときの「理由」は英語でreason。辞書を引けば分かる通り、「理性」を意味する言葉だ。だから、理屈をつけ、言い訳をするとは、理性的に言い繕うこと。あるいは、「言い訳をする」とは、自分が「理性的」で「まとも」であること、決して輪の外側に追放されるべき「野蛮」ではないことを、相手に訴えようとすることを意味する。わたしは世の中のルールを乱してなどいません。すこし迷惑をかけたところがあったかもしれませんが、好き好んで列から外れたわけではないのです。やむをえなかったのです。大丈夫、わたしは善良で、信頼すべきあなたたちの仲間です——。言い訳するわたしたちの心の裏側には、そういった思いがうずまいているように思う。

「自分に言い訳する」場合でも事情は同様だろう。自分に対する期待、自分で自分に課した義務や決まりごと。臆病、怠惰、一時の感情といった弱さに屈することなく、意志を強く持ってみずからに課した課題を最後まで遂行することに成功するかぎり、わたしたちは自分にも言い訳する必要を感じない。自己正当化の言い訳が必要になるのは、「いまのわたしの行為」を理由づける「目的」や「期待」——「〈いま、ここ〉ではない〈どこか遠く〉」に関係づけられたそれ——に応えることができなかった場合だ。

明日も七時には起きなければいけないこと。レポートを書いて提出しなければいけないこと。今日の夕方六時三〇分に友人と待ち合わせて夕食を食べなければいけないこと。終電前の時間には店をでて家に帰りつかなければならないこと。よい学校に進学して、大きな会社に就職して、安定した生活の基盤を築かなければいけないこと。原子力依存から脱却してクリーンエネルギーで暮らしていけるよう人類全体の未来を考えなければいけないこと。アジアの国々の隣人として余計な摩擦を起こさぬよう配慮し、過去の歴史の問題にもケリをつけておかなければいけないこと……。

「まともな人間」であるために、わたしたちはいつも遠くをみていなければならない。そして、だからこそ、わたしたちは毎日「言い訳をする」。自分はちゃんと遠くのことを考えている人間であること、すなわち、ゲシュテルの発する命令にきっちりと従う人間であることを、周りに向かって必死で主張する。

それらぜんぶの「遠くにあることたち」に縛られる毎日、「忙しい」が「わたしは役に立っています、立派な人間です」を意味する世の中に生きるのである以上、「近く」ばかりをみている人との暮らしは、たぶん、とても不便で、面倒の多いものになるだろう。「ご飯なんか作れませんよ。いま本が面白いから」。「朝のテレビがすごく面白くて、つい遅刻しました」。あっけらかんとそう言ってのける人たちのことを、わたしたちは「無責任」と呼ぶだろう。彼ら／彼女らは魅力的かもしれないが、毎日の暮らしを共に過ごすことには相当の苦労が伴いそうだ。わたしたちは、反射的にそういった評価を下すことになるのではないかと思われる。

なるほど、たしかに、遠くのことを考えず、「近くばかりみている」子どもの無邪気さを、わたしたちはかわいらしく思う。でも、それは、あくまで「子どものやることだから」という条件がついた上での話だろう。実際、わたしたちの暮らしの中で、子どものように純粋に「近さ」を生き、日々のことを遊びとして楽しむ人間は、社会的に「未成熟」な子どもとして、すなわち、責任を負い、共に仕事をするには不安な存在とみなされる。明日への配慮、遠くにある「いま、ここ」ではない場所への配慮を心の外に締め出して、「今日という一日の真ん中のこの場にどっかと腰をおろすこと」を、「ゲシュテル」すなわち「総かりたて体制」という名の「遠くをみる生活習慣」に支配された世の中は許さない（古東哲明）。

† ゲシュテルの中にある悲しみ

以上に見定めたゲシュテルの支配は、前章でみた「悲しみ」をめぐるわたしたちの態度にも深い影響を及ぼしている。この章の最後では、事態の根深さ、あるいは、この問題を回避することの根本的な困難について、もうすこし掘り下げた形で考えておくことにしよう。また、ここでは、考察の題材として、ノンフィクション作家の柳田邦男が書いたある文章を取り上げてみることにしたい。以下に紹介するように、柳田のその文章が、わたしたちが前章で考察した「悲しみ」の感情をもうまく巻き込む仕方で、ゲシュテルをめぐる一つの興味深い論点を提示してくれているからである。

「悲しみ」の復権」と題されたその文章において、柳田は、彼が参加したある絵本フォーラムでの出来事を手がかりに、悲しみの感情をめぐる独自の考察を展開している。柳田によれば、ことの発端は、そのフォーラムに先立って彼が発表したエッセイであった。そのエッセイのテーマは、彼が少年時代に繰り返し読み、そのつど悲しみの涙を流したという作品『フランダースの犬』。そして、そのエッセイにおいて、柳田は、貧しさに翻弄され、周りから遠ざけられ、寒さと飢えの中であまりにも悲しい最期を迎える少年ネロと老犬パトラッシュの姿を描いたこの物語について、このようなことを述べていた。「ただかわいそうというのではなく、辛いことや悲しいことの多い、ままならない人生をどう受容するか、そんななかにあって逆境を恨むのでなく、肯定的な意味をどう見出すかについて考えさせてくれる」。それが、『フランダースの犬』という作品の本質的意味ではないだろうか、と。

ところが、そのエッセイを発表した後に参加したあるフォーラムの会場で、柳田は思わぬ場面に遭遇する。当日の司会者をしていたある児童文学者が、「『フランダースの犬』のようなセンチメンタリズムの塊を子どもに押し付けてはいけない。子どもの本というのは、読んで楽しいもの、明るいもの、ファンタジーが広がるものでなければいけない」。そう柳田を批判したと言うのである。

さて、その批判を受けて柳田は戸惑う。というのも、その児童文学者が批判の対象とする「悲しみ」の感情について、柳田はこんな風な考え方をしていたからである。子ども時代の暮らしから、他者の不幸を悲しみ、涙を流す機会を排除して、「泣くな、頑張れ」のメッセージと共に「明るく、強く、楽しく」あることばかりを押し付けられると、子どもたちの感性も感情生活も乾いたものになってしまうのではないか。たとえば、「いじめによる自殺が起こった場合、学校や教育委員会は……子どもたちが明るく生活を続けられるようにすることが大事だとか受験期の生徒の気持ちを乱してはいけないと言ったりして、事件に正面から向き合おうとしない」事例が少なからずみられるが、そのような対応には「明るく、楽しく、強く」ばかりを強調してきた歴史のゆがみが反映されてはいないか。むしろ、死んだ子の苦しみや悲しみを子どもたちが少しでも分かち合い、その感情をこれからの生き方にどう生かしていくかを考えさせるような取り組みをするべきではないのか。柳田はそう考える。

そして、そのように自説を提示してみせた後、柳田は『フランダースの犬』を「センチメンタリズム」の一語で切り捨てるその児童文学者の態度に異議を申し立てる。あるいは、より広く、明るい生活を続けることや思春期の子どもたちの気持ちを乱してはいけないことばかりを強調し、「悲しみ」や「悲しみの涙」を排除・封印してきた現代日本の歴史に抗して、「悲しみの感情が復権されるべきであること」を次のように説く。

悲しみの感情や涙は、実は心を耕し、他者への理解を深め、すがすがしく明日を生きるエネルギー源となるものなのだと、私は様々な出会いの中で感じる。私と同じ世代のある知人は、小学生時代に『フランダースの犬』に何度となく涙を流したことが、やがて養護学校の教諭となり、障害のある子どもたちの教育に情熱を注ぐようになる原点であったという。……それは、封印されてきた「悲しみ」の感情を解放し、「悲しみ」をネガティブにでなくむしろ生きる糧にしようとする新しい市民意識の登場と言うことができる。……二十一世紀を人間と社会の真の成熟を目指す世紀にするには、「悲しみ」の感情を教育の場でも社会的にも正当な位置に復権させることが必要だと、私は考えている。

（『言葉の力、生きる力』）

柳田邦男といえば、もちろん、生と死の現場をみつめながら、真摯《しんし》に、心を打つ著作を次々と発表されてきた尊敬すべき著述家だ。航空機事故、脳死、終末期医療、柳田が実地の取材をもとに書き継いできた文章を、わたし自身も襟《えり》を正して読み、そこから多くのことを勉強させてもらってきた。とくに、上に引用した一文の主張する、「明るく、楽しく」ばかりの毎日の中、「切なさや寂しさの自覚が与える水分」を失えば、人間の心がカラカラに乾いた味気ないものになってしまうのではないか、悲しみの感情を正当な位置に復権させる必要があるのではないか、という考え方は、第五章で述べたわたし自身の立場とも根本的なところで方向を同じくする指摘だ。だから、文中でふれられる『フランダースの犬』評価の問題や、「明るく、強く」ばかりでなく暮らしの中に「悲しみ」の場所を、という柳田の主張については、わたしは全体として大きな共感をもって受け止めている。

ただ、それにもかかわらず、「悲しみの復権」をめぐって書かれた上の文章には、「その柳田にして」と思わされざるをえない、小さなとげのようなものを感じた。そして、その際にわたしが抱いた違和感は、この章でこれまで考察してきた「ゲシュテル」の問題にきわめて深い次元で関わるものである。「悲しみの復権」をめぐる柳田の文章は、「悲しみの感情や涙」を、「心を耕し、他者への理解を深め、すがすがしく明日を生きるエネルギー源となるもの」として捉えている。また、「封印されてきた「悲しみ」の感情を解放し、「悲しみ」をネガティブにでなくむしろ生きる糧にしようとする」新しい市民意識を強調し、「二十一世紀を人間と社会の真の成熟を目指す世紀にする」ために、「悲しみ」の感情を正当な位置に復権させることが必要だ、と主張している。しかし、これらの、「悲しみですら、より充実した、すがすがしい明日を生きるためのエネルギーとされなければならない。人間と社会の真の成熟を目指す世紀を導くための突破口として用いられるのでなければならない」という考え方に、わたしはどうにも割り切ることのできない引っかかりを感じずにはいられないのだ。

「集－立（ゲシュテル）とは、次のような立てることを集めるものを、言う。すなわちその立てることとは、人間を立てすなわち徴発して、現実的なものを、用に立てるという仕方で用象として露現せしめるのである」。ハイデガーのこの言葉を参照するとき、「二十一世紀における人間と社会の真の成熟」を目指し、そのはるか遠くをみすえるまなざしのもとにいまの悲しみを位置づける柳田の姿勢は、その背後に、「ゲシュテル」の気配をみえかくれさせてはいないだろうか。生と死を真摯にみつめ、悲しみの意味と正面から向き合う柳田の目線ですら――いや、より適切には、問いの大きさにひるむことなく、時代が抱えるさまざまな課題と真っ向から格闘し続けてきた柳田のような知的巨人であればこそ――「明日への配慮」、遠くにある「いま、ここではない場所への配慮」に捕われざるをえなくなる、ということはないだろうか。

どうしようもないこと、そうはしかねること、すなわち、いつまでも悲しみが続くようなことがあってはならない。どうしようもないことはどうにかすればよいのだ。すべてを用象として捉えよ、つまり、悲しみをも糧とすることを覚えろ。このように、悲しみの感情さえをもなにかの目的に役立つ「用象」として引っ立て、人間を一歩前に、より遠くへと運びゆくための道具として取り立てるこの枠組みが

——強調しておかなければいけないが、かく言うわたし自身を含めて——現代世界に生きる人間を片端から取り込んでがんじがらめの捕われの身としていることを、だれひとりとして否定することはできないであろう。たとえば、悲しみにふけり、部屋にこもって泣いてばかりいる友人にあなたはなんと声をかけるだろうか。泣きたいだけ泣けばいい。その一言に続けて、こう付け加えはしないだろうか。いつか、きっと、その悲しみにケリをつけて前を向くことのできる日が来るから。その悲しみを糧にして、より大きく一歩を踏み出すことができるようになる日が来るから。そう答えるのではないだろうか。

しかし、このことは、生きている理由、死なずにいる理由をめぐるわたしたちの考察に、どのような示唆を与えるものなのであろうか。本書の締めくくりとなる第七章では、最後に、この問題について考えてみることにしたい。

（1）訳文は古東哲明のもの。原文に比べると、かなり思い切った訳し方がされているが、わたしが伝えたいと思っている——ある意味、古東の著作に決定的な仕方で教えられた——ハイデガー哲学の側面を浮き彫りにするためにも、ここではあえて古東の訳文を利用させていただいた。

（2）辻村公一による訳文に、一部変更を加えた。

（3）「徴発」、すなわち、「①呼び出すこと。兵士などを強制的に召し出すこと。②他人から物を強制的に取り立てること」（『広辞苑』）という語感を前面に出して、「ゲシュテル」には「徴発性」という訳語があてられることもある。

第七章　もうすこし、生きてみよう

1　「あきらめる」ということ

† 散歩の思い出

考えるというのは、難しいというより苦しいことだ。そう表現したほうが適切ではないか、と感じることがある。どう考えればよいのか、どう書けばよいのか、そもそも自分はなにを言おうとしているのか。いくら考えてもうまい答えがみつからない。そして、そんなもやもやを抱えたままうなっているうち、だんだんと集中力が落ち、自分で自分のやっていることが嫌になってくる。なんでこんなに面倒くさいことをやらなきゃいけないのか。考えたところでなんになるわけでもなし、いっそなにもかも投げ出してやめてしまえばいいじゃないか。実際、そう思いかけたりすることもありはするのだが、外的な事情もあってそうはいかない。

そんな風に行き詰まったとき、突き当たった壁を突破するためにどうするか。有名なところでは、トイレにこもる、ふだんは遠ざけているタバコを吸う、同じような問題に関心のある友人・仲間に電話してみる。人それぞれ、習慣というか癖のようなものがあるらしい。わたしの場合、考えにつまったときは、とりあえず外にでてぶらぶらと歩き回ることにしている。体を動かすことで、答えがみつからない苦しさが軽減されるのだろうか、逆に集中できるようになる。運がよければ、二、三十分ほど歩いたところで、「なんでこんなことに気づかなかったんだろう」というようなアイデアがふっと浮かんでくれる（もちろん、空振りに終わって「なにしにいったんだろう」と空しい気持ちで帰ってくることも多いのだけれど）。

この習慣がついたのはいつごろだろうか。高校や大学一、二年頃の自分が考えごとをしながら歩いているところは想像できないが、大学四年生になって卒業論文を準備していたときには、「行き詰まった」と口実をつけては下宿の外に出て、とにかく一日中歩き回っていた記憶があるから、たぶんそのあいだのどこかだろう。大学三年生のとき、事情があって長めに帰省したものの、暇をもてあまして犬の散歩ばかりしていたことがあったから、それをきっかけにぶらぶらと歩き回る癖がつくようになったのかもしれない。

わたしの実家は、三重県の松阪市というところにある。伊勢湾に面した穏やかな気候の街で、お米もできれば魚もとれる。そのかわり、都会の喧騒という観点からすれば完全に圏外としか言いようのない地域。ゲームセンターとかカラオケとか、多少の刺激はあるものの、若い人には物足りない。まあ、言ってみれば、日本の地方中小都市の典型のようなのんびりしたところだ。

ちなみに、「松阪」という地名を聞いて、あなたならなにを思い浮かべるだろうか。松阪牛、伊勢神宮、小津安二郎、もうちょっとマイナーなところでは梶井基次郎とか三井家発祥の地。頑張ってもそれほどリストを引き伸ばせるほど売りのある街ではないのだが、一つだけ、胸を張って主張できるお国自慢がある。偉大なる国文学者、本居宣長《もとおりのりなが》が生まれ、暮らし、そして没した街なのだ。評論家、小林秀雄の古典的著作『本居宣長』は、自分の葬式のやり方、墓所のつくりなどを事細かに指図した宣長の遺言状の話から始まるが、そこに登場する宣長の墓所――「奥墓（おくつき）」と呼ばれ、山室と呼ばれる人里離れた場所にある――は、わたしが実家でぶらぶらしていた時期によく足を運んだお気にいりの散歩場所でもあった。

† 本居宣長と「あの世」の思想

お国自慢も兼ねて宣長の名前を出したが、宣長という人がどんな人物だったたか、ご存じの方はどれくらいいるだろうか。「名前は聞いたことあるけれど、なにをやった人かはよく分かりません」というのが大方の感想かもしれない。あるいは、古文や日本史を取ったことがある人からは、「賀茂真淵の薫陶を受けて古事記の注釈を完成させた人である」とか、「日本の古典をつらぬく「もののあはれ」を言った国文学者で、墓石には「敷島の大和心を人問はば朝日に匂う山桜花」の歌が刻まれている」とか、そのあたりの事情を指摘する声が出てくるかもしれない。

実を言うと、宣長に関してはわたしも長いあいだ（というかつい最近まで）上に並べたような通り一遍の知識しか持ち合わせていなかった。手持ちの辞書の記述によれば、一七三〇年生まれで一八〇一年没。何度か名前の出てきた哲学者のカントが一七二四年生まれの一八〇四年没だから、海と大陸をあいだに挟んでほぼ同時代を生きた人であることになる。カントのほうに関しては、大学で卒論のテーマに選んで以来、ほぼ二十年にわたって読み続けてきた勘定だから、そこそこ知識のあるドイツ人と議論になってもそれなりに対応できる程度の力は身についているように思う。一方、これは正直「はずかしい」としか言えないところなのだが、実家から二十分ほどのところに暮らしていた郷里の偉人に関しては、生まれてこのかた、数十年にわたり、上に挙げた教科書的な情報以外なにも知らなかった、というのが正直なところだ。もちろん、地元の人間だから、なにがしかの小ネタを付け足すくらいのことはできるだろう。しかし、それもせいぜい、「むかし住んでいた「鈴屋」と呼ばれる建物がお城の跡地にそのまま移築されている」だとか、「勉強に疲れたら鈴をチリンと鳴らして、その音を聞いては疲れを癒していたらしい」とか、小学校の遠足で教えてもらった類の話をちまちまと並べることができるくらいだ。

そんな事情だから、最近になって宣長のことをすこしずつ調べ始めて、死の問題、とくに、死んだ後の「あの世」の問題に関する宣長の考えを知ったときにはずいぶんと驚いた。宣長はこんな風なことを述べる人だったのだ。

この天地の道理はかようかようなる物ぞ、人の生まるるはかようかようなる道理ぞ、死ぬればかようかようになる物ぞなどと、実はしれぬ事をさまざまに論じて、己がこころこころにかたよりて安心をたて候は、みな外国の儒仏などのさかしら事にて、畢竟は無益の空論に候。すべてさような事はみな、実は人の智を以てはかり知るべき事にはあらず候へば、いろいろに申すも、みなおしはかりのみに候。御国の上古の人は、さやうの無益の空論に心を労し候事は、つゆばかりもなく候ひし也。

(『鈴屋答問録』)

古いぶん、すこし読みにくい日本語であるかもしれない。しかし、ゆっくりと時間をかけて、一歩ずつ読み進めてみれば、ここまでの章で紹介してきた考え方とも重なりあうところの多い、「なるほど、そういうことか」と納得のいく文章だと思う。

宣長は言う。この世界を統べる定めとはどのようなものであるか。人が生まれ、この世に生きるとはどのようなことであるのか。死んだあと人間はどうなってしまうのか。儒教や仏教など、外国(ここでは中国やインド)から持ち込まれた教説は、これらの問題についてさまざまなことを教えている。たとえば、「わが身を慎み、同じ祖先をもった一族の暮らしを整え、また国の政《まつりごと》をしっかりと治めることができれば、最終的に天下すべてが首尾よく収まることになる」。あるいは、「阿弥陀仏は、この世に生き、悩むものをみなお救いくださると誓いを立てられたありがたい御仏であるから、ひたすらに念仏を唱えればわたしたちは極楽へと往生することができる」など。

戦乱の続く毎日。ただでさえ苦しい暮らしを容赦なく直撃する飢饉。自分たちは明日を生き延びることができるのだろうか。その不安が晴れることはなく、おまけに、いくらあがいたところでやがて自分は死んでしまうのだ、という救いようのない事実が追い打ちをかける。自分はいったいなんのために生まれてきたのか。このどん底のような毎日を生き抜いたところでその先になにが待っているというのか。そのような、日々の暮らしをとりまくどうしようもなさに直面し、自分の力では解決しようのない疑念の中にある人びとにとって、生きる上でのよすがを与え、「心のより処」（相良亨）を準備し、「安心」を保証してくれるこれらの教えが魅力的に映るのはよく分かるところだろう。

しかし、宣長によれば、それらはみな「儒仏のさかしらごと」、つまり、利口ぶった外国の宗教者たちがわけ知り顔でこじつけたでっち上げにすぎない。この世を統べる摂理の在り様、自分が生まれてきたことの意味、死んだ後の世界のこと。本当のことを言えば、これらはすべて、限られた人間の知性では答えることのできない事柄としか言いようのないものなのである。そして、それが否定のできない真実であるのだとすれば、わたしたちのするべきは、真実を装った偽りの中に安心を求めることではなく、それらの無益な空論からは身を遠ざけ、ただ虚心に世の真相を眺めることでしかありえないのではないか。実際、わが国の先人たちは、外国から持ち込まれた無益の空論に心を悩ませることはなかったのである。宣長は、おおむねそんな風なことを述べている。

† 悲しみをめぐる宣長の考察

続けて、宣長の言葉をもう一つ引いておこう。

儒仏等の説は、面白くは候へ共、実には面白きように此方より作りて当て候物也。御国にて上古、かかる儒仏等の如き説をいまだきかぬ以前には、さようのこざかしき心なき故に、ただ死ぬればよみの国へ行く物とのみ思ひて、かなしむより外の心なく、これを疑ふ人も候はず、その理屈を考える人も候はざりし也。きたなくあしき所に候へ共、死ぬれば必ずゆかねばならぬ事に候故に、此世に死ぬるほどかなしき事は候はぬなり。しかるに、儒や仏はさばかり至つてかなしきことを、かなしむまじきことのやうに、色々と理屈を申すは、真実の道にあらざること、明らけく候なり。

（『鈴屋答問録』）

死んだらどうなるのか。それは、考えてもどうにもならないことだ。極楽とか祖先の霊とか、「あの世」のことを興味深く教える説もたくさんあるけれど、それらのよくできた作り話に目をくらまされるべきではない。死んだら汚らしい黄泉の国に行くだけで、死後の世界になにかを期待するなど最初からできない相談なのだ。だからこそ、わたしたちは、死をとても悲しい出来事として経験する。

実際、儒教や仏教など、外国から持ち込まれた死後の世界の教えが知られていなかった時代、わが国の人びとは素直にそう考えていた。念仏を唱えたり、先祖の霊を祀ったり。死という悲しい出来事を悲しくない出来事であるかのようにごまかすことをしなかった。言い換えるなら、それは、人びとが「本当のこと」から目をそらさず、勇気をもってそれらの事実に向かいあっていた、ということである。死ぬということはとても悲しいことであるということ。そして、その定めを逃れることはだれにもできないのだということ。上古の時代、人びとは、その悲しむべき事実を、悲しむべきこととしてありのままに受け止めていた。それが宣長の言い分である。

宣長の文章を解説するのに、西洋の思想家の道具をもちだすのは反則かもしれないが、先にみた「目的喪失性の隠蔽」や「最大のニヒリズム」の問題とも重なりあうところの大きい考え方だと思う。世の中には、自分がどれほど力を尽くしてもかなわないことがあり、それらの不条理な出来事たちの理由を「なぜ？　なんのために？」と問うても答えは返ってこない。そんなとき、その答えのなさに耐え切れず、悩める子羊たちが「さかしらごと」を、つまり「こうすれば安心できる」、「こうすれば救われる」という万能の解決を求める気持ちはよく分かるところだろう。なにか一つ、すがることのできるものをみつけだし、そのものに祈ることで安心が与えられるのであるならば、分からなさの中にたたずみ、解決されることのない不安のただなかへと置き去りにされるよりは、すべてを説明し、安心を与えてくれる救いの教説に一縷《いちる》の希望を託したいと思う。それが人情というものだろう。

でも、たぶん、そこにこそ、わたしたちが勇気をもって立ち止まり、正面からみすえ、その上で受け止めてみせるべき最大の課題が存しているのではないだろうか。死ねばぜんぶおしまい。死ぬというのはただそれだけの話であって、なにかの「ため」に用立てられるものとして理屈づけることなどできない。ゲシュテルの枠に捉えられ、「死ぬことにどのような意味があるのか」、「なんのための死なのか」などと問うたところで答えなど返ってくるはずもない。その事実をこそ、わたしたちはごまかすことなく受け入れるべきなのではないか。宣長の文章は、おそらく、そう覚悟を決めることの大切さをわたしたちに説いている。

そして、わたしたちは、宣長のこの教えを、死と死後の世界をめぐる話題だけに限定して理解するべきではないだろう。宣長の提起する問題は、おそらく、自分たちが生きるということの全体に関わる事柄として捉えられるべきなのである。たとえば、次のような場面を想像してみてもらいたい。あなたは、生まれつき腕のない少年や、突然の事故で下半身が麻痺し、自分の足で歩くことのできなくなった少女と会話している。そして、彼ら／彼女らが、あなたに向かってこう心の底からの問いを発する。どうしてぼくだけ腕がないの？　どうしてわたしの足は動かないのですか？　ぼくが／わたしが、こんなに苦しまなければいけないことになにか意味はあるのですか――。そう問いかけられたとき、あなたなら、彼ら／彼女らに向かってどんな答えを返すことができるだろうか。

わたしは、たぶん、なにかもっともらしい、都合のよさそうな答えを頭の中に探し求め、口先だけから発せられた偽りの言葉を並べ立てては、少年たちの魂をかけた問いを必死でごまかそうとするだろう。白状するが、わたしには、そういった全身の凍りつく問いかけを前にして、あえて悲しく、過酷な真実を語る勇気をもった自分を想像することができない。「本当のことを知りたいのだ」。そう願う彼らの誠実な心を裏切り、救いようのない泥沼のような状況に直面することを恐れて、なんとかその修羅場から逃げ出そうとする自分の姿しか想像することができない。「これでいいのだ、これ以外に正しい答えなどあるはずがないのだ」。心の中でそう自己弁護の言葉を並べ立て、彼らを――そして自分自身を――偽りのさかしらごとで納得させようとする自分の姿をしか、わたしは想像することができない。

しかし、わたしの口を衝《つ》いて出ざるをえないその場しのぎの言葉たちを遮断して、心の奥底で響き渡っているであろう思いに耳を傾けてみたとすれば、どうか。ごまかしのきれいごとを並べ立て、安心のまどろみに身を浸すよりは、勇気をもって真実と向き合うことを選ぶべきではないのか。そして、その事実を受け入れた上で、彼らに向かってあえてこう告げるべきではないのか。「ごめん。本当のことを言うと、わたしには分からないのだ。そして、ひょっとすると、わたしが本当の答えをみつけられないことの理由は、そもそも君たちの問いには答えがない、という絶望的なものであるかもしれないのだ。つまり、君たちの不幸に、不運に、理由などない。いや、死ぬことに意味や目的などないのと同じように、そもそも生きることに伴う痛みや苦しみには片っ端から意味も目的もない。そういうことであるのかもしれないのだ」。どれほど必死になって耳をふさごうと、自分には心の裏側で渦巻くそれらの不吉な思いを抑えることができないのではないか。わたしには、どうしても、その可能性を否定することができない。

2　根拠なんていらない

† 生きる意味をてっとりばやく説明してください

ヴィクトール・フランクルが、著作『それでも人生にイエスと言う』のある箇所でこんなエピソードについて語っている。場面は、機会があって、フランクルが「生きることの意味」をテーマとした講演をしようとしていたときのこと。一人の青年が、フランクルのところにやってきてこう尋ねたのだという。「ねえ、フランクルさん、お願いですから、おこらないでください。私は今晩、婚約者の両親のところに呼ばれているんです。どうしても行かなければならなくて、ここに残ってあなたの講演を聞くことができないのです。すみませんがさっそくおっしゃってください。生きる意味とは何でしょうか」……。

「自分はディナーに出かけなければいけないから、人生の意味をてっとりばやく教えてもらえませんか」。フランクルに向かってそうリクエストするこの男性に、あなたはどういった印象を抱くだろうか。おそらく、大多数の人は、人生の意味という大きな問題に関して、あまりにもお手軽な解決策を求めるこの男性の姿を、どこか滑稽《こっけい》なものに感じるのではないだろうか。大事な問題であればあるほど、テレビのクイズ番組のように「正解は○○です」と簡単に説明のつく答えはない。むしろ、そのような「絶対の答え」をもってわたしたちの前に現われ、わたしたちを導こうとするものがいたら、そのようなやからをこそわたしたちは疑い、警戒するべきである。そう考える人が多いのではないだろうか。

しかし、同時に、ひとことで簡単に説明がつかないからといって、そのことが問いに対する答えのなさを即座に意味するわけではない、ともわたしたちは考えたくなりそうである。解決策のなさを受け入れるということ。答えのなさを受け入れるということ。それがなにかを「あきらめる」ということであるのだとすれば、自分たちにとって、差し迫り、重要な問題であればこそ、「答えなどないのだ」と宣言することが難しく、「なんとかしてあきらめたくない」という感情を抱くものだろうと思う。人生に無関係な、他愛もない問題であればともかく、自分にとって最大限の重要性をもち、そのものにしがみついていればこそ安心が得られるもの。それほどまでに大切なものをあきらめることはだれにだって困難なことだろう。「生には意味がある、わたしたちが生きていることを支える最後の根拠がきっとある。その前提だけは、なにがあっても放棄するわけにはいかない」。そう考える限りにおいて、わたしたちとフランクルの逸話に登場する男性は同じ穴のむじなである、という言い方をしておくことができるだろうか。

先にもみたハイデガーの文章を、ここでもう一度引いておこう。

ほんとうのニヒリズムの態度やふるまい。それは目的が失われていることを承認しようとしないことである。……人が目的をふたたび持ったと信じている場面に、まさに最大のニヒリズムがある。……最大のニヒリズムとは、人間の目的喪失性を組織的に閉め出すことである。……〈代用品を用意すること〉で回避することである。

何度否定されても立ち上がり、砂を噛むような思いをしながら続けても結果のついてこない就職活動。毎朝早起きをしてはご飯を作って食器を洗い。一日一日を必死で乗り切ったところでだれが誉めてくれるわけでもない。そんなことばかりを繰り返す人生にいったいなんの意味があるというのか。ひょっとすると、自分はまるで無駄なあがきを続けているだけで、この苦労の先にはなにも待っていないのではないか。そういった問いに対する答えのなさを、否定することのできない事実として受け入れることは、間違いなく、とても難しいことだろう。

このまま身近な世界だけをみつめていると、自分たちの根本的な無力が――「すべては無益な受難にすぎない」という耐えがたい事実が――ごまかしようもなく明らかになってしまう。だから、「いや、そうではない」と約束してくれる教えがあれば、一も二もなくそのものに飛びつく。いま自分がここでこうしていることの根拠を、理由づけを、どこか遠いところに求めて自分を安心させる。「いま頑張って職をみつけることが、これから三十年の暮らしを支える基盤となるのだから」。第二章でみた鷗外の描く青年のように、「その先にあるはずの生活」へとかすかな期待をつなぎとめ、「目的が失われていること」から目をそらすことで、どこかに安心を求めずにはいられない。

そのようにして、わたしたちの日常を支配している「目的喪失性の隠蔽《いんぺい》」という事態。明日へと視線を定め、「どこか遠くのあるところ」から「いま」を意味づけようと試みる「遠くをみる生活習慣」。わたしたちの第二の本性ともなったそれらの習慣に、ハイデガーが「最大のニヒリズム」という名を与えていることに、わたしたちは十分な理由を認めることができる、と言っておくべきだろう。「生きる根拠の不在」をなにより恐れるわたしたちの本性からして、代用品であれなんであれ、とにもかくにも安心を与えてくれる教えに従うことほど回避することの困難な誘惑は存在しない。そう述べることが許されるように思われるからである。

しかし、先にみた宣長の教えを繰り返しつつ、わたしはここでこう思わざるをえない。たぶん、そこにこそ、わたしたちが勇気をもって立ち止まり、正面からみすえ、その上で受け止めてみせるべき最大の課題が存しているのではないか。生きるというのはただそれだけの話であって、なにかの「ため」に用立てられるものとして理屈づけることなどできない。ゲシュテルの枠に捉えられ、「生きることにどのような意味があるのか」、「なんのための生なのか」などと問うたところで答えなど返ってくるはずもない。その事実をこそ、わたしたちは、ごまかすことなく受け入れるのでなければならないのではないか。

もちろん、わたしだって、生きることの意味というなによりも重要な問いについて、肯定的な答えを与えてくれる明確な根拠をあきらめることはなんとしてもしたくないと思う。もっと安心することのできる夢をみて、その中で穏やかな眠りについていられたらどれだけ幸せだろうか。そう願わずにはいられない。しかし、これまでこの本の中で論じてきたさまざまな話題のことを振り返るとき、わたしはどうしてもこう思わざるをえないのだ。ひょっとすると、そのあきらめの悪さこそが、「生の実相」をめぐってもっとくっきりと映っていてしかるべき景色をみえなくさせている当の原因なのではないだろうか。そして、生きることのありがたさやいとおしさといった、「死なずにいる理由」を構成することがいまもなお可能な内容をもった経験が、わたしたちの視界から遠ざけられていることの根本的な原因は、その点にこそ存している、ということではないのだろうか、と。

先にもふれた竹内整一の指摘によれば、「あきらめる」という言葉は、もともと「明らめる」という表記をするものであったそうだ。断念することを通じて明らかになることがある。そう思い切り、望んでも仕様のないことをいさぎよくあきらめることを通じて、これまでみえていなかったものたちが自分たちの目に飛び込んでくるようになる。言葉の表記だけに注目してそう結論することは乱暴かもしれないが、「あきらめる」というひとつの態度について検討することで、なにか、ここまでのわたしたちの考察には開かれていなかった積極的な視界が切り開かれることもあるのではないか。そう思いをめぐらせてみることは、あまりにも楽天的な期待にすぎないだろうか。

いよいよ最後になったが、もう一歩だけ話を先に進めて、そのような問題について考えておくことにしたい。

†「なんの役にも立たないこと」に感動する

唐突かもしれないが、それっぽい目的とか理屈とか、いっさいお構いなしに世界を眺めていた、幼いころの自分のことを思い出してみてもらいたい。子どものころの、遊びは心底遊びだった世界。悲しみも喜びも、すべてを心の底から感じ、身の回りの世界は片端から驚きに満ちていたはずだ。葉っぱをちぎって小川に浮かべ、水に流されていく様子をいつまでも飽きることなく眺めていたときのあの喜び。掃除機をかける、なんていう経験もあった。スイッチを入れればモーターがブイーンと動く。「すげえ」と心の底から感動が湧き上がり、何時間でもやっていられる。あるいは、休日にお出かけしたデパートで、せっかく買ってもらったソフトクリームやアンパンマンの顔をしたパンをうっかり落っことしたときのあの切なさ。「あんぱんまんのパンがあ〜」。そう全身をふるわせながら嘆いていた子どものころ、わたしたちの身体は、髪の毛からつま先まで、細胞のぜんぶが声を合わせて泣き叫んでいるかのように悲しみを感じていたはずだ。

悟りきったような理屈をつけるなら、どれをとっても「なんの役にも立たない」代物ばかりだろう。葉っぱが流れてなんになる。しょせんはアイスクリーム、百円ぐらいのものなんだからもう一つ買ってこればいい。掃除機だって同じことだ。「お客さんが来るまでに家をきれいにしておかなければ」。そう考えながら必死で片付けに励む大人の立場からすれば、ちっぽけなことに興奮するばかりでなんの役にも立ってくれないわが子の感動は、「もっと大切なこと」を妨げるだけのわずらわしい空騒ぎとしか思えないところだろう。大人になり、すべてを割り切った目で眺められるようになったわたしたちに言わせれば、子どものころの世界をあれほどあざやかに彩っていた驚きや喜びの全部が、いとも簡単に切り捨てることのできる、無意味な出来事の集まりにすぎないのである。

しかし、それにしても、いま思えばあまりにも他愛無い、ちっぽけなことどもが、あれほどまでに刺激的で、魅力と感動に満ちていたのはなぜだったのだろうか。そう問いを立て、自分なりに思いをめぐらせてみるとき、わたしはついこんな風に考えてしまう。根拠とか理由とか目的とか、そんなものとはまるで関わりのないところで眺められていたからこそ、小川に浮かぶ葉の動きはあれほどまでに魅力的だったのではないのか。無根拠、無目的だからこそ、遊びは輝く。意味とか目的とか、面倒くさい小理屈など問わないからこそ、面白い。そう考えることはできないのだろうか。

たとえば、ふと思い立って旅に出た外国の街角で、何十年も会っていなかった友人と偶然に再会する。これってたしかにすごいことだ。ずいぶんと驚くだろうし、すこしばかりの感動をすら覚えるところかもしれない。でも、それで？「それがなにかの役に立つのか」と聞かれれば、「なんの役にも立たない」と答えるほかはないだろう。より身近なところでは、手品だって同じだ。目の前でトランプのカードが一枚消えたからって、それで世界の平和が一歩でも近くにやってくるわけではない。でも、やっぱり「すごいな」と感動する。「しょせん手品だよ。タネがある。不思議にみえる現象の理由はこうだ」。醒めた目でそうつぶやいては悟りきった顔をしている人間ほどつまらない奴はいないのではないか。

なんのためになるのか。なんの意味があるのか。そんな余計なことたちについて思いをめぐらす必要などないからこそ、わたしたちを取り巻く世界は輝きで満たされていた。そんな経験を、だれしも、何度となく繰り返してきたことを覚えてはいないだろうか。

† 世界が退屈になるとき

いまやっているこれは何々のため。そんな風に、先のこと、遠くのことを考えず、ただ瞬間に定位する。だからこそ満たされていた世界。その充実の中にある子どもの眼からすれば、大人たちはなぜ「先のこと」ばかり話したがるのか、とんと理解のできないところだろう。「もう行きますよ」、「明日のことを考えてはやく寝なさい」……。父の、母の口からいつも発せられるあの台詞。どうして？こんなに楽しいのに。いまいちばん面白いところなのに……。

思えば、大人になってからだって同じなのかもしれない。「はは、われながら馬鹿げたことやってるな」。薄々そう自覚しながら夢中になっているところに、「なにを無駄なことを。もっと大事なことがあるだろう」と割り切った目線で冷水を浴びせる人間に、「どうしてそこまでなにもかもに理屈をつけたがるのか。「なんのためになるのか」なんて、なんのためにもなりやしないからこそ、理由なんかないからこそ意味をもつことだってあるだろう」。そう反論してやりたくなったことはないだろうか。

自分は、どれだけのものを失くすことと引き換えに成長してきたのか。つまり、どれほど多くのものを切り捨てた結果としていまの自分があるようになったのか。そういう考え方をしてみてよいところかもしれない。はじめて買ってもらった仮面ライダーの変身ベルト。誕生日にわが家にやってきたピカピカの自転車。クリスマスの朝、目がさめたとき枕元に置かれていたプレゼントの大きな箱。あるいは、もうすこし成長したところで、はじめて車を運転したときの興奮や、はじめて異性とデートしたときのどきどきした感覚。これらすべての、かつて自分たちの世界を彩っていたさまざまな充実を見失い、その手の中にとどめることができなくなったところに、現在のわたしたちの安定した生ができあがっている。それが、だれにも否定のできない事実であることを、わたしたちはみな認めないわけにはいかないだろう。

だから、ここまでの話を裏返しにして、こういう言い方をすることができるかもしれない。子どものころの世界を満たしていた、驚きや感動に満ちた経験。これらがみなかつての輝きや光を失い、退屈なだけの代物となりはてていたのは、そこにあれやこれやの理由や目的が貼りつけられるようになったからではないのか。それらすべてのことがらが、「どこか遠くで実現されるもっと大切なこと」のフィルターを介してしか眺められなくなってしまったがゆえではないのか。「これはしかじかのためのもの」と理屈をつけ、整理し、割り切ってしまえるようになると共に、そのものを包んでいた輝きが消える。世界は退屈に支配されはじめる。そう考えることはできないだろうか。

3　仮面こそわが素顔

†　深い眠り

「この世はひとつの舞台、男も女もみな役者」。そんな台詞を聞いたことはないだろうか。出典は、シェイクスピアの戯曲『お気に召すまま』。むかし暮らした宮廷を追われ、アーデンの森で暮らす放浪者たちの一人であるジェイクイズが、「虚飾や嫉妬の渦巻く宮廷のような場所よりも、呑気で気楽なこの森の暮らしのほうがずっと素晴らしい」と主張する老公爵に反論する場面で登場する言葉だ。宮廷でもこの森の中でも、人間はその場の状況に応じてさまざまに役割を演じ分けるだけ。どこに行ったって、その場所に相応の幸福と不幸とがついてまわるだけの話だろう。それがジェイクイズの言い分である。

「世間は世間、僕はただそう思っている。みんながその上で一役をもつ、いわば舞台ってことだな」。同じくシェイクスピアの作品、『ヴェニスの商人』でも、アントニオがグラチアーノに向かってこう語りかけている。また、この本の第二章でも、ドイツ滞在中の青年森鷗外が、「……自分のしている事は、役者が舞台へ出て或る役を勤めてゐるに過ぎないやうに感ぜられる」と、政府派遣のエリート留学生としての胸中を告白するくだりが引用されていた。以上は、いずれも、古代ローマに始まり、ルネサンス、エリザベス朝時代のイギリスを経て現在にまで引き継がれる「世界劇場論」という考え方。そして、だれにもすぐ察しのつくように、この「劇場としての世界」というシステムは、ある意味、わたしたちが日常的に営んでいる暮らしのすみずみにまで浸透し、そのあり方に深い影響を与えているものである。

朝起きる。学校に向かうのであれば、それにふさわしい服装に着替える。制服を着ずに、パジャマ姿で通学用の自転車を漕ぎ出す人がいないのは、スーツ姿で舞台上の侍を演じる役者がいないのと同じことだ。バスに乗ればよき市民として良識ある振る舞いを。コンビニに入れば客として、ときにはアルバイトの店員として適切な対応を。こんな風に、わたしたちの日常的な行動は、みな、あらかじめ準備された脚本に従い、周囲から期待される役柄を忠実に演じきることによって成り立っている。

また、以上の話の延長として、次の点を確認しておこう。だれもがよく知る通り、よい役者とは、役柄に没頭し、その役を完璧に演じきる能力をもった人間のことである。あるいは、言い換えるなら、役になりきることのできる俳優、つまり、悲しい場面では心の底から涙を流し、不自然に「演じている」空気を悟らせない俳優をこそ、わたしたちはよい俳優とみなす。そして、この世を舞台に織りなされる人生という劇場においても事情は同様である。わたしたちは、よい俳優であり続けるために、自分がこの世間という名の舞台の上で演技しているということを周囲に悟らせてはならない。万に一つ、役柄に疑いを抱くようなことがあろうとも、それで演技を乱すようなことがあってはならない。父親であること、母親であることに疲れを感じ、「これはわたしの本当の人生ではないのではないか」というような疑念をあらわにしてしまえば、同じ舞台で子どもを演じる仲間たちにいらぬ心配を抱かせる。憎むべき敵にも帰りを待つ家族があるかもしれない。そう考える兵士は役者失格である。リーダーの役割を引き受ける人間は、強く確固としていなければならない。そうでなければ、部下として彼について行こうと考える人間たちのあいだに不要な混乱が引き起こされてしまう。

要するに、自分たちの暮らすこの世界の中で、「しょせんはお芝居。バカバカしい」などと不穏な空気をまき散らしながら演技する人間を、わたしたちは認めない。役柄にそぐわない行為へと気持ちを動かされるもの、そしてそのせいで懸命に演じることができなくなってしまう人間は役者失格である。めそめそ泣いてたってしょうがないだろう。君はもう舞台に上がってしまっているのだから。場にそぐわない感情に流されるのではなくて、とりあえず笑っておきなさい。そうしないと、劇が成り立たなくなってしまうから。苦しくても、怒りがあっても、そんなものは眠らせてしまいなさい。そろりと目を覚まそうとする素顔のことは忘れ去り、役柄だけに生き切ることを心がけるようにしなさい。舞台上で演技する役者たちが、同じ劇団の仲間同士として、お互いにそのような視線を投げかけあい、監視しあうという構造の上に、わたしたちの日々の暮らしは成り立っているのである。

そして、そうこうするうち、わたしたちの身になにが生じるかは容易に予想のつくところだろう。世間で演じるところの役が板につき、名優としてすごみのある演じっぷりをみせることができるようになるにつれ、かつてはときおり顔をのぞかせていた演劇人としての不安定さや未熟さは姿を消すようになる。あるいは、先にみた鷗外の表現を用いるなら、「勤めている役の背後に存在していなければならないはずの何物か」は、いつのまにかうとうとして眠りについてしまう。そして、それはある根本的な意味において必然的なことであろう。というのも、「世界劇場論」をめぐるここまでの説明が強く示唆するように、真っ当な人間であろうとすればするほど、よりよい人生を送るために、自分を忘れ、「深い眠り」（古東哲明）に落ちなければならない、というのがこの世の成り立ちであるように思われるからである。

思いあたるところはないだろうか。周囲の尊敬を勝ち取り、わたしたちが目標とするべき人間とは、舞台で進行中の劇を乱すことのないよう、夢の途中で眼を覚ますことのない人間のことである。あるいは、だれよりも深く眠り、だれよりも完全に自己を忘却した人たちをこそ、わたしたちは、この世界にもっともよく適合した人間として評価する。それが、わたしたちの暮らすこの世界を根本的なところで特徴づけるあまりにも皮肉な構造であることを、わたしは、すくなくとも否定することができない。

†ペルソナとしてのわたし

以上を、また別の方向から説明するならば、次のようなことになる。たんなる生物としての「ヒト」ではなく、社会の中で、他者とともに話し、笑い、喜び、悲しむ「ひと」として在ること。そのあり方を表わすために、英語では「パーソン person」という言葉を用いる。そして、ここでいうパーソンという単語は、もとはラテン語の「ペルソナ persona」、すなわち、古典劇において舞台上の役者が身につける「仮面」のことを意味する言葉に由来している。

パーソンであるとはペルソナ／仮面をかぶり、役柄を演じることである。そして、本物の素顔の上に借りものの仮面をまとうことが「ひと」になるということであるならば、そこからは、不可避的に、「ひと」である限りわたしたちは「にせもの」として生きざるをえない、という主張が帰結するであろう。いや、事態をより正確に捉え、不吉な言い方を厭《いと》わずにあえて表現するならば、「仮面こそわが素顔」、と言い切ることができてはじめてわたしたちは「ひと」となる、ということであるのかもしれない。どの仮面が本当の自分であるのか。どれも自分の素顔ではないのか。両者の区別がなくなるまで役柄へと同一化することができてはじめて、わたしたちは「ひと」となる。そうすることのできない連中、つまり、仮面とわが身とを同一化させることを拒絶し、仮面の裏に隠された素顔の自分を維持することにこだわろうとする連中はぜんぶ、「ひとでなし」の部類へと仕分けされることになるだろう。

「ひとであるとは、役者としてのわたしたちが、舞台の上で演じるべき役柄に応じた仮面を身につけるということである」。そう規定するペルソナの理論が、シェイクスピアや鷗外の「この世は舞台」という台詞とダイレクトにつながる発想であること、また、それゆえに、舞台の上の役回りと、背後にあるほんものの生の乖離《かいり》をめぐって鷗外の感じた「痛切な心の空虚」とも深い関連を有する考え方であることは、一見して明らかなところだろう。

役柄に自分がうまく合致しているとき、つまり、演技を演技と思わず、迫真の熱中ぶりを示せているあいだは問題ない。周囲はあなたの職場での働きぶりを、よき家庭人としての配慮に満ちた暮らしぶりを、よき隣人としての地域社会での献身的な貢献ぶりを誉め讃える。また、あなた自身も、期待される役回りを適切に演じきり、周囲からの信頼と尊敬とを勝ち取っている自分の姿に充実を感じ、心の底からの誇りと満足を見出すだろう。

とはいえ、いくら没頭し、その中に有意義さを見出していようとも、しょせん仮面は仮面だ。演じることが苦しく、辛く、意味のないものに思えるときがやってくるだろう。舞台監督に鞭打たれ、役に縛られる毎日・毎時間に疑問を感じ、演じるべき型と目を覚まそうとする自分の姿のあいだできしみが生じ、身体が、精神が、悲鳴をあげるときがやってくる。懸命の努力も及ばず、数年にわたって治療を続けた患者の少年を亡くした小児科医。安全な食物や汚染のない環境を求めて終わることのない戦いを続ける活動家。わが子の将来を思い、名門校への進学や家庭環境の整備に心を砕く情愛に満ちた母親。だれであれ、自分自身の演じる役回りに違和感を覚え、「これは本当のわたしではない」と、そんな漠然とした不安に襲われることがあるはずだ。「こんなことばかり延々と繰り返すのが自分の人生なのだろうか。勝ち目のないこの戦いを続けるだけがわたしの生のすべてなのだろうか。それでは生きることがあまりにも悲しいではないか。ちがう！　これじゃない！」心の底で、そう叫び声をあげたことのない人がいるだろうか。

しかし、ここまでの考察から明らかな通り、それらの本当の自分を求める魂の叫びに耳を傾けることとは、即座に、世間に生きる役者としての自分が深刻な危機にさらされることを意味する。心の弱さに起因する挫折、怠惰、一時の気まぐれに由来する感情的な暴走といった逸脱を、わたしたちの生を拘束するゲシュテル体制は決して許さない。厳罰をもって脅すか、無言の圧力をもって巧妙に飼いならすか。体制の側に属する人びとは、浅はかな短絡から芝居を離脱し、脱落しようとする人間に対し、さまざまな技法を用いて彼らが日々の脚本の内部に復帰するよう調整や治療を施すだろう。そして、それでも効を奏せず、逸脱が度をこすようなことがあれば、彼らを劇団からもろともに追放さえするかもしれない。それでも、自分たちが主役を演じる迫真の舞台はなんの問題もなく維持されていくだろうからである。[1]

†「止めることのできない振り子」

そして、正直なところを告白すると、このように考えを進めてみたところで、わたしの思考は行き詰まる。二つに分裂するかにみえる両極端の主張のあいだでいずれとも決めかね、ただ行ったり来たりを繰り返すだけの振り子のように、止まることのないあいまいな宙づり状態の中へと置き去りにされる。

一方で、わたしはどうしてもこう思わざるを得ない。たしかに、わたしたちの生を拘束する「総かりたて体制」の支配は盤石である。そのものに対し、正面からドンキホーテじみた戦いを試みたところで勝ち目がないのは分かりきったことだ。しかし、では、勝ち目がないからあきらめろというのか。自分を鞭打ち、傷つけ、縛りつけるものたちの支配に甘んじたまま生涯を終えろというのか。わたしはそんなみじめなのはごめんだ。わたしたちの心は、断固としてそう抗議の叫び声を上げるかもしれないし、わたしはそれをしごく当然の要求であるように感じる。

エリオットの嘆きを思い出してみてもらいたい。与えられた脚本に従うだけの毎日の中、存在の重さを失った、うつろなる、剥製《はくせい》のコピー人間として一生を過ごせというのか。いや、先にみたニーチェの警告はどうなる。なるほど、仮面と共にあるわたしたちの暮らしは、快適で美しい衣服や風儀のよい社交など、小さな昼のよろこびと小さな夜のよろこびを作り出すことに成功するかもしれない。

しかし、それらは、「ほんもの」を求める「異質なものたち」を片端から排除することと引き換えに得られた、偽りの卑小な快楽にすぎないのではないのか。自分たちを安全で真っ当な側におき、石につまづき、摩擦を起こす愚かものたちを追放することによって実現される、おだやかではあるがあまりにも空虚な繁栄にすぎないのではないのか。「わたしたちは幸福をつくりだした」。そうつぶやいてはまばたきをする、自分を軽蔑することのできないもっとも軽蔑すべきおしまいの人間たち。わたしは、そんなのはごめんだ……。

しかし、この段階で、わたしの思考の振り子は逆方向への揺れをみせる。わたしは、このようにも考えずにはいられないのである。

仮面に対する素顔とか、贋物《にせもの》に対するほんものとか、「生活を面白く」するために考えだされたさかしらごとに心を動かされるべきではないのではないか。わたしたちを鞭打つ監督の支配から抜け出すだとか、生活を縛りつけている枠を叩きこわすだとか。そういった表現自体が不適切なものである、という判断の側にこそ真理は見出されるのではないか。そもそも、ゲシュテルや役者世間というこの世界の根本構造は、わたしたちが戦うべき敵としてではなく、自己の存立をかけてでも守りぬき、後世へと送り継ぐべき体制としてのみ理解されるものなのではないか。暖かい布団の中で今日も眠りにつけること。明日の食べ物のことを心配しなくてよいこと。好きな人と好きなことを心ゆくまで話し、一点の曇りもない笑顔をみせられること。それらすべての大切なことたちを、作り出し、そして守っていくために必要なことがある。それが嘘いつわりのない真実であることを否定のできる人がいるだろうか。

世界を前に向けて動かし、自分たちの日々の暮らしを維持していくために、わたしたちはあえて眠りの道を選び、目を覚まそうとする素顔を忘れるのでなければならない。わたしたちは、みずから進んで総かりたて体制の一員となることを選択するのでなければならない。未曾有《みぞう》の災害にみまわれた地域を復興へと導かずにはいられないということ。そして、そのためには、いつまでも悲しみの中に沈んでいるのではなく、身を切る悲しみをすら糧として、一歩ずつ、前をみて進むほかに道はないのだということ。これらすべての「本当になされねばならないこと」たちは、眠りの中においてしかなされえないものであるという事実を、わたしたちは真剣に受け止めるべきではないのか……。

わたしの思考は、こんな風に、行ったり、来たりを繰り返し、定まるところを見出せないままに漂流する。

この世に生まれてきた以上、自分はこの「世間」と折り合いをつけてやっていくほかないのだ。仮面こそわが素顔なのだ。そう思いを定めても、わが身を待ち受けているのは、今日は東へ、明日は西へと追い立てられ、駆り立てられるばかりの毎日だろう。理不尽な力の前に膝を屈し続けざるをえないこと、はらわたの煮えくりかえりそうな思いを抱えてもそれに耐え続けなければならないこと。そんなことばかりの暮らしを続けるうち、我慢も限界に達し、もういやだ、心がそう悲鳴をあげ、逃げ出したくなる。人が、それを「弱さ」と呼ぶのであれば、わたしは、すくなくとも、自分が弱い人間であることを受け入れざるをえない人間である。

もちろん、ときには、圧倒的な強さで世を支配する「正常」で「安全」な人びとの態度に不信を感じ、つもりつもったイライラを爆発させたくなるときもあるだろう。「きずな」だ「やさしさ」だ、無反省にしたり顔でご立派な言葉を並べたてたてはいるけれど、ぜんぶどこかで聞いたきれいごとの受け売りじゃないか。そんな時流に乗っかっただけの陳腐な決まり文句のどこに、自分の全身をかけて考えて、腹の底から必死でしぼりだされたほんものの重みを見出せというのか。わたしはごまかされないよ――。

そう思いはするものの、いざ立ち上がり、本気で「みずから考え、世間の良識と食い違う危険な主張」を申し立ててみることに伴うさまざまな厄介ごとに思いをめぐらせるにつけ、なかなか踏ん切りをつけることもできない。そして、そうこうするうち、暴風のように荒れ狂い、体を突き動かそうとしていた怒りはその行き場を失い、こんな風に考え始める。「面倒くさい奴と思われて、みんな自分のことを鬱陶《うっとう》しがるか、腫れもの扱いで遠巻きに眺めたりするようになるんだろうな。四六時中、まわりから鬱陶しがられて暮らすのはしんどいだろうな。余計な摩擦を起こして、なんの足しにもならない苦労を背負いこむくらいなら、このままなにもかも胸のうちにしまいこんで、また平和で穏やかな毎日を続けていけばいいじゃないか。だからって、べつに、自分が間違ったことをしたことになるわけではない。むしろ、そちらの方が、良識的で、人として正しい判断に従った生き方をしていることになるはずではないか……」。そうつぶやいて、いつのまにか自動的にもとの眠りの中へと復帰する――。

そういった、なかば苦し紛れに選択される自己欺瞞的な行動を、多数派へと自己を帰属させることに安心を求める者に特有の「臆病」な態度と呼ぶのなら、わたしは、自分の体の一番奥深いところにしみつき、日頃の行動を支配しているのがその種の「臆病」であるという事実を否定することができない。「どうせ振り子は止まらない」。身体をがんじがらめにされたまま、理想と現実のあいだで妥協を求め、ときには自分をだましながらいままで必死で生きてきたこと。いまもそうであること。そして、これからもそうして行くであろうということ。自分のこれまでを振り返り、また、これからのことを思うたび、いやが応でも痛感させられるのは、この世に暮らす自分の在り様が、その根元のところで、どれほど深くこれらの弱さや臆病さに縛りつけられているか、ということである。

目を覚まさずに世間の役へと没頭し続けることのできる人がうらやましく、ほんものの道を力強く進み行く仲間の勇気がまぶしくみえる。「ここで、こうやって、くすぶりながらやっていくしか自分にはできないのだろうか。自分にもうすこし強さが、一歩を踏み出す勇気があれば」と、いまとは違った自分の姿を想像してはためいきをつく。そんな風にして、いわば二方向のあきらめに身をあずけるということは、おそらく、だれにとっても悲しい気持ちに彩られた経験とならざるをえないだろう。

ただし、わたしはここでこうも思う。そんなときに感じられる、「いかんともしかねる自分」を対象とした悲しさを引き受けることは、同時に、熱中と没頭のただなかにある名優たちの眼にも、安寧におもねらず、勇気をもってわが道を行くほんものたちの眼にも映らない、ある種の約束や希望を教えてくれることでもあるのではないか、と。

自分には、ほんものへの道が開かれることはないのだろうし、さりとて仮面を素顔とすることすらできない。その事実をありのままに受け入れることは、すくなくとも、「なにもかも、すべてを失う」ということと決して同義ではないのではないか。いや、むしろ、そんな風にしてわたしたちが選びとる「あきらめ」の道は、ほんの束の間とはいえ、両方の極へと縛りつけられていた振り子が解放され、ふと、思ってもいなかった生の充実が明け開かれる瞬間の可能性に、わたしたちの思考を触れさせてくれるきっかけとなるものでもあるのではないか。

ここにおいて、わたしたちはようやく、「あきらめることを通じて明らかになることがあるのではないか」という先の問いに対する答えを、検討することのできる地点へとたどりついたことになる。

† 最後まで手もとにあるもの

第五章で、「死のあとに残される、なくなったひととのたしかな記憶」をめぐる長田弘の詩を紹介した折に、わたしは次のようなことを書いた。いなくなった人は文字通り「もうどこにもいない」のだし、泣こうがわめこうが二度と帰ってきたりはしない。その事実を、いさぎよく、全面的に受け入れた上でなお、「きれいな水」と「きれいな花」を両手にたずさえ、死んでしまった「あの人」との語らいに向かおうとする人の行為を、馬鹿げたこと、意味のない無駄なこととして笑い飛ばすことはだれにもできないことだろう。亡くなった人との過ぎ去った日々に思いを致すということ。追想を通じてその人の面影にもう一度ふれてみるということ。そのことを通じて、わたしたちが亡き人を思う悲しみの中で出会う、消え去ることを願わない記憶。そこには、決して言葉にすることはできないが、それでもわたしたちが信じるに足る確かななにかが「ある」。そう考えることができるのではないか、と。

そして、それと同じように、「あきらめ」や「悲しみ」をめぐるいまの問題と重ね合わせる仕方で、こういう言い方をすることができるのではないか、ともわたしは思っている。わたしたちは、この本の中で、生きる意味の喪失という事態を問題にしてきたわけであるが、この「意味の死」という深刻な状況の中においてもなお、自分たちの手元にはまだ信じるに足るたしかなものが残されているのではないか。本当の自分にも、期待される役柄にぴたりと身の丈をあわせられる自分にも別れを告げた上で、あきらめと悲しみを手にもって、もはやいなくなった意味に会いにでかけること。それをただ無駄な試みと呼んで簡単にケリをつけることは、わたしたちにはできないことなのではないか。

「あきらめる」ということは、すくなくとも、「なにもかもを失くす」ということと同じではない。生の問題の最終解決をあきらめ、「ここがわたしの世界であり、自分にはここでこうやって生きていくほかないのだ」と思いを定め、覚悟を決めるということ。そして、そのことを通じてはじめて、わたしたちの眼に開かれてくる「かぎりない意味の彩」（真木悠介）を取り戻すことが可能になるのではないかということ。そのことについて、わたしたちは、一度真剣に考えてみる必要があるのではないだろうか。

これは、あくまで個人的な話ということになるが、わたしは、そういった「意味の死の後になお残されるたしかなもの」をめぐるこの問題について、それを死や別れの自覚と結びつけた形で考えてみることがある。

たとえば、夕暮れの踏み切りで通過する電車を待つとき。あるいは、到着する列車を待つ行列の先頭に立って、ホームに入ってくる車両が自分に近づいてくるとき。足を一歩前に踏み出せばそれでなにもかもが終わる。その肌身に迫る実感が、「自分自身の死」という出来事を身近に引き寄せるとき、わたしはふとこんな思いに囚われる。

目の前にみえているさして美しくもない病院の看板、けたたましくがなり立てる構内のアナウンス、そして、家で自分の帰りを待つ家族。いまここで自分が死ねば、それらのすべてをもう二度とこの身で経験することができなくなってしまうのだ。自分がいま当たり前のように見たり聞いたりしているこれらすべてのものが永遠に失われてしまうということ。それが、死ぬということなのだ。だとすれば、わたしはまだ死にたくない。もうすこし生きていたい。これらの大切なものたちの存在を感じることができるうちに、それらがそこにしかと存在していることを精いっぱい味わっておきたい。わたしは、心底、そんな気持ちになる。

また、同じく長田の詩を題材としながら、わたしはこんなことも書いた。自分の大好きだったあの人はもうどこにもいないのだ、ということ。もう二度と会って話をすることができないのだ、ということ。それが身にしみて分かっていればこそ、その人が「たしかにそこにいた」ことをめぐる自分自身の記憶が、なによりもくっきりと、あざやかに浮かび上がるということはないだろうか。その人が「もうそこにいない」ということが、否定しようのない――つまり、悲しい――事実であればこそ、生きているときには「そこにいる」のが当たり前、いや、「いるかいないか」すら定かでなかったその人の存在が、これ以上ない痛切さをもって立ち上がる。そんな経験をしたことはないだろうか、と。

それと同様の感覚を、わたしは、「別れ」の自覚が行き渡った場面でももつことがある。典型的なのは、卒業式や引っ越しの日に感じる、いわくなんとも言い難い寂しさを伴った「ああ、これでもう終わりなのだ。もう二度と、この場所に戻ってくることはないのだ」という思いだろうか。毎日何時間も座り、うんざりするほど眺め続けた教室の風景や、日頃なにを意識するでもなく上りくだりしていたアパートの階段。それらの、なんの変哲もない、見飽きたはずの風景たちが、「これらはすべて失われるのだ。自分はもはやこのものたちに別れを告げなければならないのだ」と自覚された瞬間、その相貌を一変させる。「この風景を失くしたくない。せめてもうすこしだけでもこの日にとどめておきたい」と、いとおしさに満ちた実感が体中を支配し始める。そんなとき、わたしは、ついこんな風に考えてしまうのだ。つまらない毎日と思っていたけれど、生きてきてよかったのかもしれないな。これまでこうやって死なずに生きてきたことにも、それなりに意味はあったのかもしれないな、と。

もとより、理屈で押し切れるたぐいの話ではないだろうと思う。それに、そんなのただの感傷じゃないか。なんの役にも立ちやしない。そう言われれば、たしかにそれまでの話だろう。ただ、それでも、とわたしは思う。まがりなりにも自分はここまでこうして生き抜いてきたのだということ。そして、自分がいまこの場所でこうして生きているのだということ。そのことを、この上なくいとおしいこととして感じ、「これらのすべてを失くしたくない。もうすこしだけでも生きていたい」と心の底から思える瞬間が人生にはあるのだとすれば、その事実をもって、わたしたちにとって考えうるかぎり最大の「死なずにいる理由」とすることができるのではないか、と。

もちろん、それは、救いというにはあまりにもちっぽけなものでしかありえないであろう。役を演じることに疲れ、自分の人生に疑問を感じ、「こんなことやっていてなんになるのか」といっさいが空しく現われるときに訪れる、「もういいんじゃないか」という思い。そんな、気持ちがいまにも崩れ落ちそうなときに感じられる絶望的な思いをかき消すには、あまりにもか細く、弱々しい根拠としか言うことができないであろう。それらの経験に、生を不安に陥れるニヒリズムを克服し、「嵐のような毎日の中、そのときを待とう」と、「どこか遠くのある場所」から「苦しみのただなかにあるいま」を救出してくれる万能の力強さを求めようとしても、それはできない相談としか言いようのないところだろう。だから、結局、死なないでいる理由や生きる理由の不在という、最大の問題に対する根本的な解決はみつかっていないままだ。生きることに意味はあるか。君が死なないでいる理由はなんだ。大上段からそう問われたら、わたしにも答えは分からないままだ。

でも、それでいいじゃないか、とわたしは思っている。ときに、ふと深呼吸をして、「ああ、もうすこし生きてみようか」、ほんの一瞬と知りながら、そうつぶやける瞬間がある。それで十分じゃないか。それだけ？　と聞かれれば、そう、それだけ、としか答えられない。でも、わたしは、それで十分だと思っている。実際、わたしは「それだけ」の根拠を頼りに、これまでこうして生きてきたし、いまもこうして生きているし、これからもそうやって生きて行くつもりだ。

（1）　以上の議論については、古東哲明氏の著作『ハイデガー＝存在神秘の哲学』に多くを教えられた。とくに記して感謝しておきたい。

エピローグ

†最後に

「死」と「生きる意味の不在」。それが、この本のテーマだった。そして、このような問題について論じる機会を与えられたとき、最初にわたしの頭に浮かんだのは、語りにくいことを語らざるをえなくなるんだろうな、ということ、そして、そんな話題を論じることには、いろいろと面倒や厄介な反発がついて回るんだろうな、ということであった。

たとえば、十八世紀スコットランドの哲学者、デイヴィッド・ヒュームがこんなことを書いている。

……危険で有害な実践を導くような理論を述べる人は、その理論がどれほどの真実を伝えるものであろうとも、品性に欠けると言わざるをえない。あたり一面に有害なものをまき散らす自然の片隅をなぜ詮索するのか。なぜ疫病を、それが埋められている穴から掘り出すのか。そういった人物の研究は、才気の程を称讃されはするかもしれないが、しかしその学説は忌み嫌われるであろう。……社会にとって有害な真理は、仮にそのようなものが存在するとしても、健全で有益な誤謬に屈服するであろう。……

（『道徳原理の研究』）

ヒュームが残したこの言葉に、無条件で共感の気持ちを抱くひともかなりの数いるのではないだろうか。「死」だとか「生きることに意味なんてない」だとか。なにを気取って無責任な話を吹いてまわろうとしているのか。不愉快だ。汚《けが》らわしい。そんなもの読みたがる人間なんているはずがないだろう。鬱陶《うっとう》しいからだまっていろ……。

わたし自身、いままでも、ときに不快な気持ちを呼び起こしかねないテーマばかりを論じ続けてきたことに、相当の引っかかりというか不安を感じている。こんなものを書いて、周りの人は自分をどんな目でみることになるのだろうか。やめといた方がいいんじゃないか。こんなもの書かないほうがいいんじゃないか。そんなことを、かなりの頻度で思った。

そして、それらの周囲から寄せられるであろうさまざまな反発やそれに伴う困難のことを思い、ひるむ気持ちが心に生じるたび、わたしは北海道の南端、襟裳《えりも》岬からさほど遠くない、浦河と呼ばれる小さな町にある施設のことを考えた。その施設の名は、べてるの家。精神障害という、いつまでも出口のみえない泥沼のような病気を抱えた人びとが、悩み、苦しみ、容赦のない現実とぶつかりながら毎日を過ごす、共同生活の場であり、職場であり、ケアの場所でもあるところだ。

べてるの家の人びとは、いまも、幻聴や幻覚、不可測で得体のしれない発作の影を抱え、「正常な人間たち」の平穏で澄み切った世界からは遠いところで、病と共に生きることの辛さや困難と向き合いながら暮らしている。そして、以下にその一端を紹介するように、明るく、幸福感に満ちあふれ、充実したすこやかな日常とはほど遠いところで生きる人びとの姿に思いをめぐらせることは、わたしに、「意味の喪失」という暗い話題を論じることにも伴いうるひとすじの光の可能性を、一切の欺瞞《ぎまん》ぬきで、教えてくれるものであった。

ありふれた言い方になるが、苦痛と苦悩に満ちた生があればこそそのありがたさがきわだつ瞬間というものが存在するのではないか。不吉な話題を疫病のごとく嫌い、光の届かない地の底深くに封じこめて語らせようとしない態度を離れ、語りづらく、かつ答えのでない問題と正面から格闘してみることにも決して無駄とばかりは言い切れないところがあるのではないか。

最後に、この本を書きながらわたし自身を支えつづけてきたそんな思いに、すこしでも手ごたえのある形を与えられれば、という願いをこめて、「べてるの家」をめぐる不思議なエピソードを紹介しておくことにしたい。

†「だれも排除しない生き方」と「問題だらけの毎日」

精神医療に携わる立場の人間にとって、一般に、病気の再発・再入院はできるだけ避けられるべき事態であろう。それゆえ、病気が再発しないように、医師たちは患者の服薬スケジュールを厳重に管理し、きちんと外来に通わせ、ストレスのない生活を指導することで、一日もはやく患者を「社会復帰」させることに第一の目標をおく。しかし、「べてるの家」と名付けられたその小さな施設に暮らす人びとは、すこしでも健常者に近づいて自立すること、幻想や妄想を取り去って社会復帰すること、立派な人間になって一人前に働くことなど、精神障害者たちに課せられた固定観念の十字架を取り去ってしまう。「そのままでいい」。それが、べてるの人びとが発し続けているメッセージなのである。「偏見差別大歓迎集会――決して糾弾致しません」。べてるの人びとが全国各地に出張し、旅先で繰り広げる「講演会」はこのようなスローガンとともに始まったという。「弱さをきずなに」した「だれも排除しない生き方」。そして、べてるの人びとが発する「そのままでいい」というメッセージには、たしかに、常識では理解することのできない、奇跡的なまでに美しく感動的なエピソードを生み出す力が備わっている。たとえば、一人の乱暴な若者がいて、「金がなくて靴下が買えない」といっては住人を殴り、パチンコで負けたといっては大暴れしてパトカー騒ぎになる。もう我慢がならない、出て行ってもらおうとみんなの意見がまとまりかけたまさにその瞬間、どこからともなく「いや彼も困っているんだ。彼も追いつめられているんだ、辛いんだ」と声があがる。そして、「いま彼に必要なのは応援なんだ」という「ミーティング」の結論に基づいて、乱暴ものの若者に虎の子の五千円を手渡すという儀式が催されることになるのである。

被害者が加害者に援助の手を差し伸べる、という出来事。「なぜそうなるんだ?」というのが通常の感覚だろう。そして、その意味で、「だれも排除しないぶつかりあいと出会い」の日常から生じる奇跡的ななにかがべてるにはある、というのはたしかに間違いのないところである。しかし、ここで、それらの物語を、人間のやさしさ、美しさを讃美する、感動の物語とだけ捉えて話を終わらせることはできない、という点にわたしたちは注意する必要がある。なにしろ、さきほどの乱暴な若者のエピソードに話を戻すなら、「さらにすごいのは、そうやってお金を渡しても問題は解決されなかった」ということなのである。その乱暴者の若者は、その後もべてるの家の住人たちを毎日殴りつづけていたのである……。

当事者たちの生々しい発言が示すとおり、べてるの家とは理想郷でもおだやかな笑いが一日を支配する平和で安らぎに満ちた暮らしの空間でもない。べてるの家に暮らす人びとは、初期のメンバーが始めた昆布の商売が軌道にのり、その年商が一億円を越えたいまも、精神分裂病という病気と泥沼の闘いを続けているのであり、彼らの物語を「精神障害者の、精神障害者による、精神障害者のための自立」をめぐるサクセス・ストーリーとしてのみ受け取ることは許されないだろう。べてるの家を取材し、『悩む力』と題されたすぐれたドキュメンタリーをつづった斉藤道雄はこうのべている。「べてるはすべての人をしあわせにするしくみではなかった。それどころか、やってきた人びとに自らが直面する問題の意味を問い、考え、悩み苦労して生きることを求めるところだった。そこにきても病気をかかえながら生きる苦労はなにひとつ変わらない」と。上記斉藤の著作は、べてるの入居者の一人、早坂潔さんの言葉を次のように伝えている。

だから、べてるってのはね、いろんな意味でみんながいい、いいっていってるけどね、やっぱり住んでみないとね、よさっていうかね、こわさとかよさとか、いろんな面が出てくるからね。ただべてるがいいっていってきてね、住みますっていっても、住めないところだわ。ビール瓶は吹っ飛んでくるし、出刃包丁は吹っ飛んでくるしさ。……ケンカはあるしね。（みんな）病気だからな。

（『悩む力』）

べてるでの暮らしの大部分は、「騒ぎと争いと、病気と発作と混乱と、あとをたたないもめごとに満たされた日々」だったのであり、そしてそれはいまにいたってもまったく変わらない現実である。べてるの家はいつも問題だらけの場所だったし、そしておそらくはこれからも、問題だらけの毎日をべてるの家の人びとは生き続けていくのである。

†「それでも、こうやって生きていく」

べてるに関わる人びとの最大の特質は、あまり真剣に病気を治そうとしないところにあるのだという。処方された薬を飲まなくなり、病気が再発しようが再入院しようが、それは当然起きるべくして起こったことであり、予想されたことですらある。だから、それは当人にとって「順調」なことであり、苦労を重ねた人間は「顔つきがよくなってきた」と積極的に評価さえされるのだという。そして、そんな風に問題を掘り下げ掘り下げ、苦労や悩みを正面からみつめる「浦河のやり方」を、ソーシャル・ワーカーの向谷地生良さんは「土をおこす農業みたいなこと」だと評している。

「浦河のやり方」の根底には、精神分裂症という治りづらい病をきっかけとして得られた、世の中には「どんなに努力しても、あがいても解決できない苦労や悩みが備えられている」という人間存在への深い認識が潜んでいる。そこには、「生きづらい自分」を正面からみつめざるをえない毎日の暮らしから生み出される、「生きることに悩みあえぐという力」が根づいている。「生きる苦労とか生きるたいへんさをすべてとりさって、軽くなって楽に生きたい」という潔癖願望から遠く離れたところで、「悩む力」をもったひとりの人間として暮らすことの真実といったものが息づいている。こんなふうに考えを進めるとき、私は、べてるの入居者、岡本勝さんがつづった一文――「今の俺」と題されたそれ――をどうしても思い出さずにはいられない。岡本さんはこう書いている。

いつも人生のことを考えている。岡本勝、生きていて良かったか悪かったか。金は無い。家は無い。女にはもてない。無い無いづくしで寂しくなり、この世がいやになり、泣けてくる。

この文章を紹介する斉藤道雄の説明によれば、岡本さんは、いつまでも病気を抱えて生きていかざるをえない自分の人生に絶望して、一度は「家族にすまないから俺、海に入る」といって港に向かおうとしたことがあるのだという。そして、そんな思いを抱えながら生きる続ける岡本さんは、毎日、

……泣きながら浦河の町を歩いている。笑っているときや歌っているときもあるが、ほとんどは

「人生のことを考え」ながらべてるの家と大通りの三田村商店とのあいだを行ったりきたりしている。あるとき向谷地さんが、泣きはらした目をしている岡本さんに心配して声をかけると「岡本勝がかわいそうで……」とつぶやいたという。向谷地さんはそんな岡本さんには「誰よりも真剣に、壮絶なまでに自分の人生と向き合おうとする思い」があるのだという……。（『悩む力』）

そして、そのような「壮絶なまでに自分の人生と向き合おうとする思い」について、岡本さんはべてるの作業所で昆布をつめながら行なわれたインタビューの中で次のように語ってもいる。

——岡本さんも、ときどき働くんですか

「そんなに働かない」

——たまに、来るのかな

「うん」

〈中略〉

——どういうときに

「あっち（共同住居）にいても、つまんないだけだし」

短いやりとりのあいだは、それぞれたっぷりと間があいている。

空白をはさみながら岡本さんはゆっくり手を動かし、ときどき口を開く。

――毎日どうですか、岡本さん
「だめですね。なんだか、空虚だ」
――空虚だけど、やっぱりなんかしなきゃいけないから
「そうだね」
――これから、どうしますか
「わかんない。考えてもわかんない。こうやって生きてく」……

これから、どうしますか。――「わかんない。考えてもわかんないけど、こうやって生きていく」。精神分裂病を抱えた岡本さんの語るこのメッセージには、自分の人生や死の問題と正面から向き合うとき、わたしたちのだれしもが襟《えり》を正して聞き取るべき大切ななにかがこめられてはいないだろうか。死の問題とべてるの問題を重ねあわせて考えるとき、わたしはどうしてもそのような思いを禁じることができない。「死とは――そして、死という十字架を背負ったわれわれの生もまた――徹頭徹尾無意味で空虚で残酷なものである。しかし、それでもなお、いや、それだからこそ、わたしたちは生きて行くことを選ばなければならないのだ」。そう愚直に叫び続けることにもなにがしかの意味が伴うのではないか。そんな古風な考えが、わたしの脳裏をよぎらずにはいないのである。

ただし、最後に、一言こう付け加えておく必要があることを忘れてはならない、ともわたしは思う。斉藤道雄によれば、彼が出会ったべてるの人びとのやさしさは、そのすべてが「切なさをたたえたや

さしさ」であったという。そして、いまなお問題だらけの毎日を過ごす浦河の人びとのその切ないやさしさにふれるもののこころには、ときおり、不思議なやすらぎや平安の感情がめばえることがあったのだという。波風と騒動ばかりの毎日の中、ふとおとずれるという「人生の小春日和」のような瞬間の存在は、「死」や「生きる意味の不在」をめぐるわたしたちの態度に、なんらの影響力をも持ち得ないささいなエピソードにすぎないものだろうか。

＊　＊　＊

そして
どうにかやっていくのでしょう……
——中原中也

かにかくに思ひしことの跡絶えてたゞ春の日ぞ親しまれける
——西田幾多郎

引用・参照文献一覧

　末尾に（＊）がついた文献は、本書を執筆する上でとくに参考にさせていただいたものである。当該の章の内容に興味をもたれた方には、ぜひ、これらの書物へと読書の幅を広げてみることをお勧めしたいと思う。

プロローグ

「わが子　救えなかった…」（『信濃毎日新聞』二〇一〇年十月三十一日付朝刊）

第一章

THE BLUE HEARTS「青空」（『TRAIN-TRAIN』トライエム、一九九八年）（音楽ＣＤ）
『万葉集』（『新編日本古典文学全集７』小学館、一九九五年）
夏目漱石『草枕』（岩波文庫、一九九〇年）
中西新太郎『若者の気分　シャカイ系の想像力』（岩波書店、二〇一一年）（＊）

第二章

池田雅之『猫たちの舞踏会――エリオットとミュージカル「キャッツ」』（角川ソフィア文庫、二〇〇九年）
T・S・エリオット『キャッツ――ポッサムおじさんの猫とつき合う法』池田雅之訳（ちくま文庫、一九九五年）
――「うつろなる人々」深瀬基寛訳、『エリオット全集』第一巻（中央公論社、一九七一年）所収。
――「闘技士スウィーニィ」上田保訳、『エリオット全集』第一巻（中央公論社、一九七一年）所収。（ただし、本文中では、後掲『〈誠実〉と〈ほんもの〉』所収の野島秀勝による訳文を用いた）
L・トリリング『〈誠実〉と〈ほんもの〉――近代自我の確立と崩壊』野島秀勝訳（法政大学出版局、一九八九年）（＊）
キルケゴール『死に至る病』桝田啓三郎訳、『キルケゴール』〈世界の名著51〉（中央公論社、一九七九年）所収。
チャールズ・テイラー『〈ほんもの〉という倫理――近代とその不安』田中智彦訳（産業図書、二〇〇四年）（＊）
森鷗外「妄想」、『森鷗外全集3　灰燼／かのように』（ちくま文庫、一九九五年）所収。
――「遺言」、『森鷗外全集14　歴史其侭と歴史離れ』（ちくま文庫、一九九六年）所収。
――『青年』、『森鷗外全集2　普請中・青年』（ちくま文庫、一九九五年）所収。

第三章

アイザイア・バーリン『理想の追求』福田歓一他訳（岩波書店、一九九二年）

カミュ『シーシュポスの神話』清水徹訳（新潮文庫、一九六九年）
鷲田清一『死なないでいる理由』（角川文庫、二〇〇八年）
中島義道『どうせ死んでしまう……私は哲学病。』（角川書店、二〇〇四年）（＊）
カント「啓蒙とは何か」福田喜一郎訳、『カント全集14　歴史哲学論集』（岩波書店、二〇〇〇年）所収。

■第四章

ニーチェ『ツァラトゥストラはこう言った』上・下、氷上英廣訳（岩波文庫、一九六七／一九七〇年）
マックス・ウェーバー『プロテスタンティズムの倫理と資本主義の精神』大塚久雄訳（岩波文庫、一九八九年）
ウィリアム・ジェイムズ『宗教的経験の諸相』上・下、桝田啓三郎訳（岩波文庫、一九六九年－一九七〇年）
岸本英夫『死を見つめる心――ガンとたたかった十年間』（講談社文庫、一九七三年）
チャールズ・テイラー『今日の宗教の諸相』伊藤邦武・佐々木崇・三宅岳史訳（岩波書店、二〇〇九年）
T・S・エリオット「ボオドレエル」吉田健一訳、『エリオット全集』第四巻（中央公論社、一九七一年）所収。
ボオドレール『悪の華』鈴木信太郎訳（岩波文庫、一九六一年）
V・E・フランクル『それでも人生にイエスと言う』山田邦男・松田美佳訳（春秋社、一九九三年）
L・トリリング『〈誠実〉と〈ほんもの〉――近代自我の確立と崩壊』（前出）

■第五章

阿久悠「ぼくのさよなら史」（『ミセス』主婦の友社、二〇〇三年）所収。
竹内整一『日本人はなぜ〈さようなら〉と別れるのか』（ちくま新書、二〇〇九年）（＊）
――『「悲しみ」の哲学――日本精神史の源をさぐる』（NHKブックス、二〇〇九年）（＊）
養老猛司「自然はぼくのたからもの」（『信濃毎日新聞』二〇一〇月十二月十九日付朝刊）
西田幾多郎「『国文学講話』の序」、『思索と体験』（岩波文庫、一九八〇年）所収。
中原中也『中原中也詩集』大岡昇平編（岩波文庫、一九八一年）
長田弘「花を持って、会いにゆく」『詩ふたつ』（クレヨンハウス、二〇一〇年）

■第六章

ハイデッガー『哲学への寄与論考』大橋良介／秋富克哉／ハルトムート・ブフナー訳『ハイデッガー全集第65巻』（創文社、二〇〇五年）所収。（ただし、本文中では、後掲『ハイデガー＝存在神秘の哲学』所収の古東哲明による訳文を用いた）
――「技術への問い」関口浩訳（平凡社、二〇〇九年）（ただし、本文中では、後掲『ハイデッガーの思索』所収の辻村公一による訳文を用いた）
――「有るといいえるものへの観入」森一郎／ハルトムート・ブフナー訳、『ブレーメン講演とフライブルク講演』〈ハイデッガー全集第79巻〉（創文社、二〇〇三年）所収。
辻村公一「ハイデッガーと技術の問題――或る一つの批判的所見」『ハイデッガーの思索』（創文社、一九九一年）所収。
加藤尚武「技術は、人間を引っ立て、現実のものを取り立てて発掘するように仕向ける」加藤尚武編『ハイデガーの技術論』（理想社、二〇〇三年）所収。（＊）
古東哲明『ハイデガー＝存在神秘の哲学』（講談社現代新書、二〇〇二年）（＊）
柳田邦男「「悲しみ」の復権」『言葉の力、生きる力』（新潮文庫、二〇〇五年）所収。

第七章

本居宣長『鈴屋答問録』、『うい山ふみ／鈴屋答問録』（岩波文庫、一九九一年）所収。
相良亨『死生観／国学』、『相良亨著作集4』（ぺりかん社、一九九四年）所収。
竹内整一『「悲しみ」の哲学──日本精神史の源をさぐる』（前出）（＊）
V・E・フランクル『それでも人生にイエスと言う』（前出）
古東哲明『ハイデガー＝存在神秘の哲学』（前出）（＊）
シェイクスピア『お気に召すまま』阿部知二訳（岩波文庫、一九七四年）
──『ヴェニスの商人』中野好夫訳（岩波文庫、一九三九年）
真木悠介『気流の鳴る音──交響するコミューン』（ちくま学芸文庫、二〇〇三年）

エピローグ

ヒューム『道徳原理の研究』渡部峻明訳（晢書房、一九九三年）
斉藤道雄『悩む力』（みすず書房、二〇〇二年）

中原中也『中原中也詩集』大岡昇平編（前出）
西田幾多郎『西田幾多郎随筆集』上田閑照編（岩波文庫、一九九六年）

あとがき

「若者のための〈死〉の倫理学」をテーマとした本を書いてみませんか——。ナカニシヤ出版編集部の石崎雄高さんから、そんな風なお誘いをいただいたのは三年前の秋であった。「今の日本では、死が極端に日常から遠ざけられ、若者たちはとくに死に対して精神的に無防備な状況にあるのではないか。日常の影にひそむ死の諸問題についてどう考えるかを論じることで、死についてみずから考え、なんらかの心構えを作るきっかけとなる本が必要なのではないか」。それが、その折にいただいたお手紙の趣旨であったと記憶している。

わたしは、それ以前に、「死の恐怖」や「死ぬ義務」といった問題について二本ほど論文を書いたことがあったのだが、それと歩調をあわせるかのようにナカニシヤ出版編集部で「若者と死」をテーマとした本の企画が進行しており、担当の石崎さんがわたしの論文を読まれたことがきっかけとなって本書は世に出るに至った、ということになる。ここで、わたしのような駆け出しの研究者に、一書をものするという貴重な機会を与えていただいたことについて、石崎さんにあつく御礼申し上げておきたい。

『若者のための――』というタイトルが示す通り、本書は、現代の日本に暮らす「いまどきの若者たち」を対象として書かれたものである。あるいは、より具体的で率直な言い方をしてしまうならば、「ゲームはいっぱいやりましたけど、思想系の本なんて一冊も読んだことありません。プラトンとかアリストテレスとか、はっきり言ってどうでもいいです。哲学や倫理学なんて、この授業が終わったらもう二度と関わることはないと思いますし……」。そんな風にあっけらかんと言い放ってしまうことのできる「若者」たちを、この本は第一の読者として想定している。

また、そういった人びとを念頭におくことと並行して、わたしは――ふだんの授業と同様――よく言って挑発的、悪くすれば難くせや言いがかり、下手をすると鬱憤のたまった教員のうさばらし、と取られかねないような内容をあえて書き連ねるようにした。はじまりは、書き手であるわたしに対する個人的な反発や嫌悪であっても構わない。「悟りきった教師づらしやがって。むかつくんじゃぁお前」とか、「しんどいことばかり言わないでください。気が滅入る話ばかりでもううんざりです」とか。挑戦的／挑発的な書き方をすることで、関心のなかった聞き手の側にすこしでも波紋を引き起こすことができれば、それで一つ大切な成果が達成されたことになるのではないか。それがわたしの考えであった、ということである。

なによりもまず、「人文学なんて興味ありませんから」と気軽に断言してしまえる「部外者」としての「若者たち」を、「哲学や倫理学の読者」としてこちらの側の世界に巻き込んでしまうこと。そして、願わくは、本書で論じられているような哲学・倫理学上の問題について、単位を取り、大学を卒業するために必要な捨て石としてではなく、自分自身の人生に関わる切実な問題として受け止めてもらえるようにするということ。それが、わたしがこの本に託したささやかな願いの一つであった。そういう言い方ができるかもしれない。

ただし、そういった執筆上の方針を採用することで、本書がある種の欠陥を抱え込むようにもなったことを、わたしは決して否定することができない。「「若者たちを引き込もう、とにかくこちらの話に耳を傾けさせるところから始めてみよう」と急ぐあまり、君はあまりにも乱暴なものを書いてしまったのではないか。この本は、学術的内容を含んだ著作としては、すこし型破りがすぎるというか、良心的態度に欠けるところがあるのではないか」。そんなお叱りが出るであろうことは、わたしも覚悟している。

白状するが、実際のところ、「とにかく同業者の顔だけは思いうかべないこと」。それが、本書を書き進めるにあたってわたしが自分に課した規則の一つであった。同業者の眼を意識して、無難ではあるかもしれないがオーソドックスの枠を出ない安全なものを書くよりは、眉をひそめられても伝えるべきことが読み手に伝わる本を書いてみたい。お世辞にも行儀がよいとは言えないかもしれないが、それでも、自分が教師として伝えようともがいてきたことの一端が伝わるドキュメントを残しておきたい。それが、わたしの偽らざる本音であったということである。

本書のそのような性格は、本書に先行する二本の論文（冒頭でふれた、「死の恐怖」をめぐるものと「死ぬ義務」をめぐるもの）が掲載された、京都大学文学研究科哲学研究室の刊行する『PROSPECTUS』

という雑誌ともある意味で関わるものである。哲学を専門とする大学院生や大学院を出たばかりの若手研究者を対象として、ときには専門研究の枠を離れた、自由で野心的な議論をしてみる場所が開かれていてよいのではないか。これまでの哲学では扱われてこなかったような、そしてふだんならすこし書きづらいような問題について、思い切って論じることのできる場所があってよいのではないか。『PROSPECTUS』は、もともと、そんな狙いのもとに刊行された雑誌であった。

もっとも、発表場所としての雑誌そのものとは別に、わたしがこれまでに受けてきた先生方からのご指導がなければ、これらの論文が書かれることもなかったのは言うまでもないことである。その意味で、学生時代より温かい指導と励ましをいただいてきた出口康夫（京都大学文学研究科）、浜野研三（関西学院大学文学部）の両先生にお礼を申し上げたい。また、わたしのような危なっかしい人間が、まがりなりにも研究者としての道を歩き続けてこられたのは、学部進学以来二十年にわたって、笑いながら（あきれながら？）わたしを見守り続けてくださった伊藤邦武先生（京都大学文学研究科）のおかげである。長年の学恩に対し、この場を借りてとくに感謝を申し上げておきたい。

最後に、本書を無事刊行にまでこぎつけることができたのは、自宅にいるときでさえ「邪魔しないでくれ」オーラ全開でパソコンに向かうわたしに対し、好意的不干渉（無視？）をもって応じてくれた家族のおかげでもある。無邪気に生きることの喜びを身体ぜんぶで表現しては、「明日の予定」でがちがちに固められたわたしを驚きと輝きに満ちた「今日」に連れ戻してくれる長男の悠大郎。本文に登場したころよりずっと大きくなり、一歩ずつ、一歩ずつ、「遠くをみる」大人たちの世界に足を踏み入れつつある長女の明日菜。そして、大人のはずなのに軽々と「枠」の支配をすり抜けては、「こんなのもありですか！」とわたしを想定外の驚きで迎え撃ってくれる配偶者の乃子。わたしのようにわがままな人間を、いつも身近で支えてくれている三人に対し、三様の「ありがとう」を込めて、この本を捧げたい。

二〇一二年秋

三谷尚澄

マ　行

ヤ・ラ・ワ　行

事項索引

ア　行

カ　行

サ　行

タ・ナ　行

人名索引

■著者略歴
三谷尚澄（みたに・なおずみ）
1974年　三重県に生まれる。
1997年　京都大学文学部卒業。
2002年　京都大学大学院文学研究科博士課程単位取得退学。
2006年　文学博士（京都大学）。
現　在　信州大学人文学部准教授。（専攻／西洋哲学・倫理学）。
著訳書　『近代からの問いかけ』〔共著〕（晃洋書房，2004年），「「感覚印象」をめぐるセラーズの理解は変化したのか」（『アルケー』No. 19, 2011年），「いつ，だれが，なぜ〈死ななければならない〉のか？」（『PROSPECTUS』No. 8, 2005年），「カントと真正な生」（『哲学研究』第579号，2005年），C. コースガード『義務とアイデンティティの倫理学』〔共訳〕（岩波書店，2005年），他。

若者のための〈死〉の倫理学

2013年2月14日　初版第1刷発行
2022年2月11日　初版第3刷発行

著　者　三　谷　尚　澄
発行者　中　西　健　夫

発行所　株式会社　ナカニシヤ出版
〒606-8161　京都市左京区一乗寺木ノ本町15
TEL（075）723-0111
FAX（075）723-0095
http://www.nakanishiya.co.jp/

印刷・製本／シナノ書籍印刷
＊落丁本・乱丁本はお取り替え致します。
ISBN978-4-7795-0691-8　Printed in Japan

いのちの倫理
大庭　健
生きることを「プロジェクト」と捉える現代人の人生観が私たちのいのちを軽視する。その認識の歪みを批判し今あるべき倫理を問う、著者渾身の書き下ろし。　二二〇〇円＋税

現代を生きてゆくための倫理学
栗原　隆
現代において露呈する、個人の自己決定権の限界を見据え、再生医療・臓器売買・将来世代への責任など、今日の問題の考察を通し、未来への倫理感覚を磨く。　二六〇〇円＋税

高校生と大学一年生のための倫理学講義
藤野　寛
哲学や倫理学は若者にとってこそ面白い！よい人生・死・性・ルール・生命（倫理）などについて19回の講義で自ら考える力を養う、本物の倫理学への入門書。　二二〇〇円＋税

倫理学という構え
―応用倫理学原論―
奥田太郎
倫理学を学ぶための知的態度（構え）とはどんなものか。メタ倫理学・規範倫理学・応用倫理学という枠を自在に越えながら「倫理学とは何か」を探究する。　二五〇〇円＋税

スポーツ哲学の入門
―スポーツの本質と倫理的諸問題―
シェリル・ベルクマン・ドゥルー／川谷茂樹　訳
フェアな競争・ドーピング・男女の関係など、スポーツ哲学・倫理学の主要なトピックを学べる最適の入門書。スポーツに真剣に取り組む多くの人々に向けた一冊。　二六〇〇円＋税

表示は二〇二二年二月現在の価格です。